锦绣桑田

织绣研究专辑

北京市文物交流中心 编

北京市文物交流中心藏品研究丛书

文物出版社

图书在版编目（CIP）数据

锦绣桑田 ：织绣研究专辑 / 北京市文物交流中心编. 北京 ：文物出版社，2024. 12. -- （北京市文物交流中心藏品研究丛书）. -- ISBN 978-7-5010-8578-1

Ⅰ. K876.94

中国国家版本馆CIP数据核字第2024YF1049号

锦绣桑田：织绣研究专辑

编　　者　北京市文物交流中心

责任编辑　陈博洋

责任印制　王　芳

出版发行　文物出版社

社　　址　北京市东城区东直门内北小街2号楼

邮　　编　100007

网　　址　http://www.wenwu.com

邮　　箱　wenwu1957@126.com

经　　销　新华书店

制版印刷　天津裕同印刷有限公司

开　　本　889mm × 1194mm　1/16

印　　张　16

版　　次　2024年12月第1版

印　　次　2024年12月第1次印刷

书　　号　ISBN 978-7-5010-8578-1

定　　价　420.00元

锦绣桑田 ❯ 织绣研究专辑

序　言

文物和文化遗产承载着中华民族的基因和血脉，是不可再生、不可替代的中华优秀文明资源。保护好文物和文化遗产，就是保护好中华民族生生不息的精神根脉。

北京市文物交流中心（以下简称“中心”）是北京市文物局的直属事业单位，20 世纪六七十年代以来，这里的老一辈文物工作者，通过从造纸厂、冶炼厂、废品收购站拣选，从市场收购、交换等方式，抢救了大量文物，为诸多文博单位与研究机构提供了数万件重要藏品和学术研究资料，为祖国和子孙后代留下了宝贵的精神和物质财富。填补了传统文化研究的空白，保护了历史文化遗产的传承，也加强了中国文化的追根溯源。在文物保护工作中发挥着不可替代的重要作用。

近年来，中心努力盘活库藏资源，不断推进藏品合理利用，把收藏在库房里的藏品最大化呈现给观众，推出一批集陈列展览、教育活动、学术研讨于一体的精品展陈。

2024 年，中心决定拿出专门科研经费，编辑出版“北京市文物交流中心藏品研究丛书”。这本《锦绣桑田》即其中之一，以中心收藏的织绣类藏品研究为卷别。

中心织绣类藏品的来源大致分为四种：一、北京市文物交流中心（原北京市文物公司）在 1960 年公私合营前已入库的商品；二、原北京市文物公司从民间收购的藏品；三、原北京市文物公司从造纸厂、废品收购站拣选、抢救的藏品；四、20 世纪 70 年代各地文物经营机构赠送或调拨的藏品。

为加强对织绣类藏品的保管和研究，中心成立了织绣文物科研课题组（以下简称“课题组”），支持业务人员大胆探索，鼓励青年人在科研任务中拔尖挂帅。课题组几位年轻的研究人员，通过横向对比研究加深对具体文物的认识，通过对相关文物的广泛学习，深化讨论，共同研究、撰写学术研究论文。课题组做了很多藏品整理和图书编撰工作，主要有以下四项：

课题组在研究期间共整理了16000余件织绣类文物。整理工作包括文物的清理、修复、编目等基础环节，提高了分类记录的精准程度和规范化水平，确保了织绣类文物的安全监测与标识保管。进一步夯实了文物保护基础工作。

课题组运用跨学科知识对织绣类文物采取了保护措施。在整理过程中结合对文物的历史、文化、艺术和科学价值的探寻，以及对受众需求和兴趣的分析，充分考虑空间限制和资源限制，促进了文物研究理念的发展和保护水平的提升。为后续的保护、研究、展示和利用等工作提供了实践基础。

课题组对照《中国刺绣》《中国历代丝绸艺术 · 民间刺绣》等研究成果，利用库藏文物资源，探索文献与实物相结合的研究方法，从无到有，积累了一大批珍贵的资料，并撰写出可喜的研究成果。

2024年春节期间，课题组与展览策划部成功举办了“彩绣菁华——北京市文物交流中心收藏织绣展”，展览贴近群众生活，贴近时代审美，从传统技艺、文化、色彩等角度解读织绣文物珍藏品，为库藏织绣文物科研课题成果增添了新表达，为群众精神文化服务丰富了织绣文物的新场景，扩大了公共文化服务的空间与范围，实现了社会效益的最大转化。

本书共收录了148件（套）织绣类藏品，是中心库存织绣类文物艺术品的精粹，每件藏品都配有彩色图片及文字说明，书末附有研究人员分工撰写的藏品研究论文。这是北京市文物交流中心深化基础学术研究的成果。既是对库藏重要织绣类文物梳理的记录，为文物研究专家和学者提供参考借鉴；也是指引和启发文物爱好者继续发掘和追寻更多宝藏的线索，旨在进一步推动和丰富中国织绣的研究和普及。

作为图录，本书展示了织绣文物研究的新风格，主要表现在以下方面：一、织绣文物摄影采用了多角度，全面地展现织绣的细节与精美程度；二、书中共附有9篇学术论文，对诸多织绣文物的文化内涵进行了探讨，以期兼备学术参考价值。

本书收录的学术论文内容，包括对中国近现代纺织工业发展史的梳理与库藏匹料织造的对照研究，晚清至民国期间宫廷与民间服饰体系的嬗递，清代宫廷织绣陈设与官方织染机构的设置研究，缂丝工艺技法的传承与库藏缂丝精品文物的研究，中国传统祝寿文化与祝寿贺喜类织绣文物的相映生辉，以库藏挽袖文物探讨晚清时期流行的挽袖风尚与纹饰题材，从纹饰与刺绣工艺的角度赏析库藏精品绣画的文化内涵与绣画历史，传统民间荷包的艺术特征与文化意蕴，寓意吉祥的传统纹样风格在民间刺绣上的体现，等等。

这本书不是简单的文物图录，而是一本集资料性、学术性、研究性与文献性于一体的综合性文物艺术品图录。既反映北京市文物交流中心收藏织绣类文物艺术品的现状，又是对中国织绣、服饰文化学术研究的最新表达。

本书的藏品整理过程，得到了中心保管研究部的大力支持，特别是赵伟、王蔚、杨莹、于凡、李玥朦、侯昕炜、马铭、杨莉等同志，加班加点、推进进度。

本书的藏品整理、论文撰写过程，还得到北京考古遗址博物馆青年学者赵芮禾、程扉的共同参与。本书编辑阶段，首都博物馆龙霄飞研究馆员也为课题组的每一位作者提出了修改意见。

课题组与展览策划部通过共同举办展览，进行了科研与陈列相融合的积极实践。董琪、王吉文、刘燕萍、贾征不眠不休地忙布展；北京艺术博物馆原馆长王丹、中国文物交流中心原研究员钱卫等专家，提出的指导意见让大家受益匪浅。特别是“大国工匠”荣誉称号获得者，被誉为“中国织绣领域研究第一人”的中国社会科学院考古研究所特聘研究员王亚蓉老师，曾亲临现场、悉心指导，使我们有机会在展览领域取得重要成果。她的专业素养令人敬仰。

对于大家的无私奉献和耐心指导，我们由衷感激。

立足织绣藏品的保护与研究成果运用，结合中华优秀传统文化当代化表达及创意创造的时代背景，挖掘织绣藏品更深厚的中华文化底蕴，古今结合，古为今用，融合当代设计理念，赋予织绣藏品和织绣艺术品设计以中华优秀传统文化新的时代内涵，将是中心库藏织绣文物科研课题组、策展团队和文创设计团队新的思考。

从“让文物活下来”到“让文物活起来”，站在新的历史起点之上，我们要以习近平新时代中国特色社会主义思想特别是习近平文化思想为指导，努力推动文物保护传承利用，在保护中发展、在发展中保护，以扎实的学术研究赓续传承中华文明历久弥新的文化基因，将宝贵的文物资源保护好，把源远流长的历史文脉传下去，让不可再生的文化遗产活起来。阐释好中国特色，讲清楚中华民族最深沉的精神追求，让文物和文化遗产在新时代绽放新光彩，不断满足人民群众对美好精神文化生活的需要。

郭力展

2024 年 8 月 25 日

目　录

序　言

图　版

服　饰

挽　袖

民　俗

陈　设

书　画

刺绣书画

缂丝书画

日常用品

镜　帘

门　帘

挂　帐

桌　裙

绣　片

囊　佩

扇　套

扳指套

荷　包

其　他

布　料

研究论文

图版

锦绣桑田 · 织绣研究专辑

服饰

明黄色缎绣彩云金龙纹龙袍

清　通袖 226、衣长 150 厘米

直身圆领袍，右衽、大襟、左右二开裾。外直身在明黄色缎地上，运用平针、套针、钉金等刺绣针法，绣海水江崖、云龙、蝙蝠及黼纹等。袖有接袖，为明黄色缎面。马蹄袖与领缘为石青缎地同纹饰彩绣云龙纹，领、袖边镶石青色团龙杂宝织金缎绲边。其龙纹塑造极为规整，绣线颜色和谐，刺绣工艺精湛。

蓝色地缂丝五彩八宝金龙纹龙袍

清　通袖 212、衣长 142 厘米

直身圆领袍，右衽、大襟、左右二开裾。外直身在蓝色地上以缂丝的技法织造海水江崖、云龙、蝙蝠、折枝花及八宝等纹饰，内为香色绢地里衬。马蹄袖与领缘为香色地缂金云龙纹，领、袖边镶锁子纹织金缎绲边。缂丝工艺精湛，晕色换线自然，纹饰勾勒精细。

蓝色织锦云蝠龙纹龙袍

清 通袖 227.5、衣长 138 厘米

直身圆领袍，右衽、大襟、前后左右四开裾。外直身为蓝色地银色云龙纹织锦材质，间饰同色海水江崖纹、八宝纹等，内为蓝色绢地里衬。袖有接袖，马蹄袖端为织金材质，马蹄袖与领缘为同纹饰质地的织金云龙纹。

石青色缂金云龙纹龙袍

清 通袖225、衣长149厘米

直身圆领袍，右衽、大襟、前后左右四开裾。外直身为石青地云龙纹缂金材质，间饰同色海水江崖、蝙蝠、万寿、黼纹等。袖有接袖，为石青色平绣，马蹄袖端有与直身同质地的缂金云龙纹。龙袍整体纹饰精美，工艺繁复。

补 子

文官三品缂丝孔雀补子

清　纵 29.5、横 58 厘米

方形补子，石青地，缂织蓝色云纹与红色太阳，主体纹饰为孔雀，尾部有三条带眼的尾羽。在古人心中，孔雀是一种大德大贤的鸟，有『文禽』的美誉，象征着吉祥、文明、富贵。三品补服缀孔雀，意为希望三品文官可以像孔雀一样自爱，对朝廷忠心。

文官五品缂丝白鹇补子

清　纵28、横55.5厘米

方形补子，石青地，缂织海水江崖与八宝云纹，主体纹饰为白鹇，单脚立于礁石之上，展翅，垂九条尾羽。白鹇自古以来一直被视为吉祥物，它能赶走灾害，祈求丰收，还是一种忠诚的『义鸟』。白鹇的形象作为五品官员补子，取其行止娴雅，为官不骄不躁，无为而治，并且吉祥忠诚的象征意义。

文官六品缂丝鹭鸶补子

清　纵28、横56厘米

方形补子，缂织海水江崖与八宝云纹，主体纹饰为鹭鸶，单脚立于礁石之上，头部丝羽末端尖且微翘。鹭鸶成群飞翔有序不乱，故以鹭序寓百官班次。因『鹭』谐『路』音，谐为『一路连科』，谓之『一路荣华』，取意吉祥。

文官八品缂丝鹌鹑补子

清 纵28.5、横54.5厘米

方形补子，缂织海水江崖与八宝云纹，主体纹饰为鹌鹑，单脚立于礁石之上，头部无头冠羽毛，展翅，尾羽较短。鹌鹑取「安」的谐音，具有事事平安和安居乐业的象征意义。

文官四品钉金绣云雁补子

清　纵31、横32厘米

方形补子，元青地，钉金绣海水江崖与八宝纹，云纹以钉金勾边，双蓝色绣线平绣填充。主体纹饰为钉金绣云雁，单脚立于礁石之上，头部圆润无头冠，五条尾羽。《仪礼·士相见礼》规定『下大夫相见以雁』，也指官吏的排班。形容高洁、广阔的胸襟和为官之道，象征飞行有序，春去秋来佐天子四时之序。

文官九品钉金打籽绣练雀补子

清　纵 26.5、横 28.5 厘米

方形补子，元青地，钉金打籽绣海水江崖与八宝纹，云纹以钉金勾边，三蓝色绣线打籽绣填充。主体纹饰为打籽绣练雀，单脚立于礁石之上，头部有头冠，向后呈尖锐状，身体多白色，有两条较长的主尾羽，末端带有眼状花纹。练雀亦称绶带鸟。绶带是古代帝王、百官礼服的佩饰，绶带的颜色和长度随官员品级的变化而不同。练雀的尾羽与之相似，故有绶带鸟名。

武官一品缂丝麒麟补子

清　纵27.5、横53.5厘米

方形补子，缂织海水江崖与八宝云纹，主体纹饰为麒麟，昂首挺胸，造型威武豪迈。麒麟是中国古代传说中的神兽，将狮头、鹿角、虎眼、麋身、龙鳞、牛尾集于一身。清代官补中的麒麟以龙头居多，寓意一品武官能像麒麟一样才能杰出、含仁怀义、辅佐贤君。

女装

钉金银绣鹭鸶纹补霞帔

清

通袖 48、衣长 93.5 厘米

清代霞帔是汉族九品以上命妇穿用的礼服，功能相当于满族的朝褂。其形制形似马甲，对襟、立领、无袖。前后片不缝合，以系带连接，底部应挂有流苏，现已不存，胸前与背后有方形鹭鸶补子，通身以钉金银绣海水江崖、龙凤云纹、花卉、蝙蝠、『福』字等纹饰，领部以金银线勾勒如意云头，仿饰以云肩。做工精湛，纹饰精美。

大红色纳纱绣蝶恋花纹氅衣

清 通袖 127、衣长 137 厘米

清代氅衣是晚清时期满族女性服饰中纹饰最华丽、工艺最繁复、做工最精美的服饰品种之一。其形制为直身、立领、大襟、右衽，左右开裾至腋下，腋下饰如意云头。双袖有挽袖，日常穿着呈折叠状，也可放下当舒袖穿用。通身为大红色方孔纱，其上纳纱绣各色折枝花卉与蝴蝶纹样。

黑色团鹤麦穗纹对襟褂

民国 通袖 126、衣长 96.5 厘米

褂是清代男女的主要上装之一，初为满族服饰，后广泛流行。此褂为立领、直身、平袖、圆摆，左右两开裾。通身为黑色团鹤麦穗纹缎材质，其下摆及袖口处饰以海水花卉纹饰，构图精巧。

黑色织金团鹤麦穗纹对襟褂

清　通袖 132、衣长 73 厘米

近代女褂衣身较为肥大，此褂为立领、直身、平袖，左右两开裾，袖口为舒袖，整体比男性马褂宽大。通身为黑色织金团鹤麦穗纹缎材质，其下摆及袖口处饰以钉金银线绣海水花卉，装饰精巧，纹饰精美。

红缎地花卉纹女褂

清　通袖 120、衣长 66.5 厘米

此褂为立领对襟、直身、窄袖，左右两开裾，通身为大红色缎面，彩绣花卉纹饰，原里衬已不存，现为后补。其领口、袖口及下摆处饰以花鸟纹刺绣花边，袖口处接有红色打籽挽袖，纹饰为蝴蝶瓜果，取意『瓜瓞绵绵』。

宝蓝色黑边女袄

民国　通袖132.50、衣长86厘米

清朝中期以后，袄成为汉族女性的主要上装，有大袄、中袄和小袄之分。大袄有大襟和对襟等式样，袄身宽大，衣长仅过躯干。此袄为右衽大襟、立领圆摆、平袖，左右两开裾，袖口为舒袖，接有黑色钉线绣挽袖，大襟、领、下摆、开衩等处有窄细条绲边。

黑缎团花对襟女褂

民国　通袖144、衣长90厘米

此褂为立领、直身、窄袖、圆摆，左右两开裾。通身为黑缎材质，彩绣团花麦穗纹饰，袖口处饰以花卉与麦穗，素雅精巧。

大红色织金万寿纹对襟女褂

清　通袖124、衣长93厘米

《清稗类钞·服饰》中解释：『褂，外衣也。礼服之加于袍外者，谓之外褂。男女皆同此名称，惟制式不同。』男女之褂差异较大，女褂较男褂通身较长，多及膝，亦有及腰者。此褂形制为立领、对襟、半身、窄袖，左右两开裾。通身为大红色织金万寿纹缎，袖缘为蓝地钉金银绣花果纹。

龙凤帽带

清　各纵82、横15厘米

清代旗人女子在冬季常戴坤秋帽，圆形围檐，皮草为表，帽顶部多为如意云头的纹饰，帽后部有两条长飘带，上窄下宽，底端为三角状，上有刺绣花纹。此帽带彩绣龙凤纹饰，精巧细致。

暗黄缎彩绣龙凤纹马面裙

清　裙头长141、裙长90.5厘米

马面裙是明清时期汉族女子最为典型的裙装款式，清代马面裙较明代的装饰更为繁复。清代马面裙装饰主要以刺绣为主，裙边褶皱大多也不同于明代的大褶、活褶，多为固定的死褶，也会使用大量的绦边装饰。此裙为暗黄色云鹤暗纹缎地，其上彩绣海水江崖龙凤纹，前后马面上分别绣有龙凤纹饰，裙边褶皱作鱼鳞褶固定，左右对称，各绣两龙四凤，裙中有暗扣，可防止马面因风扬起。

绿色钉金彩绣海水江崖龙凤纹马面裙

清　裙头长129、裙长100厘米

清代马面裙的剪裁方式与明代较为相似，为平面剪裁两片式，前、后、里、外各有一个裙门，两两交叠，形状极似古代城墙防御系统中的马面。此裙为绿色缎地，其上饰以钉金彩绣海水江崖龙凤纹，前后裙头之上为钉金绣两正龙，左右褶皱处中间为一钉金绣行龙，饰以左右对称的两对彩绣升凤、降凤。为清末马面裙的精品。

白色刺绣凤尾裙

清　裙头长 113、裙长 93.5 厘米

凤尾裙是清代女性裙装的一个特殊品种，由彩色条布接于裙头而成，条布尾端裁剪成尖角，形似凤尾从而得名。因条布空隙较大，不可单独穿着，需内部配以马面裙。此裙以 14 件白色暗花绫为主体条布，其下端饰以不同龙凤花卉纹刺绣下摆，辅以如意云头及流苏，下端刺绣花卉配色两两对应，前后裙门分别为打籽绣龙凤纹。是一件形制清晰，装饰精美，纹样规整的清末凤尾裙精品。

黄地打籽绣蝶恋花马面裙

清 裙头长131.5、裙长97厘米

襕干式是清代的马面裙中一种独特的装饰方法，在两侧平整的裙幅上用深色绸缎裁制成细条分隔镶绲于其上，数十条细缎将裙幅分割成有序排列的几个部分，外观看起来就像『襕干』。此裙为黄色缎地，主要以打籽绣技法彩绣蝶恋花纹饰，佐以吉祥纹饰，『襕干』间为平绣蝴蝶花卉纹饰。

朱红色三蓝绣蝶恋花纹马面裙

清　裙头长111、裙长91.5厘米

此裙为朱红色缎地，其上以清代流行的三蓝绣以凤尾蝶、佛手、兰花、梅花、菊花、牡丹等诸多花卉，针法细密，换色灵巧。

红罗地打籽绣花蝶纹马面裙

清　裙头长118、裙长101.5厘米

襕干裙是清代马面裙的样式之一，在穿着后以马面为纵向的中轴线，裙身两侧的『澜干』形成左右对称的自然形态，体现出庄重、严谨、对称的穿着效果。此裙为红色花蝶纹罗地，马面和左右裙边彩绣蝴蝶花卉纹饰。

挽袖

黑地打籽绣凤穿牡丹挽袖

清

各纵 59.5、横 11 厘米

挽袖是清代汉族女子着装特有的袖口边缘装饰部件，始记载于清乾隆时期，流行至民国初年，一般长约二尺，宽四寸，相向成对，多用于女上装以及女装袍服等。此挽袖黑色缎地，彩绣凤凰牡丹纹样，古朴典雅，层次丰富。使用了基础的齐针、戗针、扎针、打籽等绣法，针法细密，主次分明。

白地打籽绣玉堂富贵挽袖

清 各纵92、横15.5厘米

清代李斗的《扬州画舫录》中记载：『女衫以二尺八寸为长，袖广尺二，外护袖以锦绣镶之。』其中的外护袖就是挽袖。此挽袖白色缎地，以打籽满绣玉兰、海棠、牡丹、蝴蝶、花篮等，寓意『玉堂富贵』。整体用色清丽淡雅，布局和谐，精致细密，更有如意与灵芝纹饰，象征长寿吉祥。

黑地纳纱绣《红楼梦》人物故事挽袖

清 各纵49、横15厘米

黑纱地，纳纱绣《红楼梦》人物故事于其上，亭台楼阁，山石花卉，或醉卧，或扑蝶，或祭祀，以景叙事。人物脸部使用平针绣，突出人物面孔。整件作品色彩雅致，构图层次丰富，别具神韵。

蓝地平金琴棋书画四艺纹挽袖

清　各纵56.5、横22厘米

挽袖是袖口的接袖部分，单独缝缀在衣袖上，构图多为长条形，便于拆卸。此挽袖为蓝色缎地，平金绣琴棋书画四艺用品和香炉，用红色丝线结籽装点。挽袖整体沉静淡雅，极具文雅风骨。

米色地墨绣《牡丹亭》人物故事挽袖

清

各纵 60.5、横 21.5 厘米

此挽袖为米色缎地，以黑色为主色调，突出人物形态动作，针法主要是平针、盘金、网绣等。人物形态刻画细腻，亭台楼阁与花木相互映衬，十分协调，细微处盘钉金线点缀，尽显古朴典雅之意。

拉锁绣花卉纹童帽

民国 长31、宽19、高12厘米

古代婴儿多戴童帽，形式多样，颜色各异，多为模仿神像或凶猛动物而制，用以镇邪祛恶。此件童帽整体造型完整，两端有方向不同的装饰设计，彩绣花卉纹饰，帽顶有双蝶环绕，顶中心有动物纹饰，以花树为景，童趣盎然。

黑地缠线绣蝶恋花挽袖

清 各纵33、横18厘米

挽袖主要用于调节穿着时袖子的长短，《近代中国女装实录》中记述：『折之于后，可起到掩而藏之的作用。』穿着时翻卷在衣袖外，随着着装者的行为举止而展现人前。此挽袖为黑色缎地，用彩线缠绣菊花和蝴蝶纹饰，寓意长寿富贵，整体色调统一，朴素淡雅。据颜色和寓意推断，此对挽袖应该是年长女性穿戴所用。

橘色帽帘式虎头帽

民国　长28、宽15、高13厘米

虎头帽是清末最为流行的童帽类型，虎头造型多样，颜色各异。此件虎头帽整体造型完整，橘红色缎地虎身之上以黑色绣线饰以纹路，双眼堆绣立体造型，额头处以金箔贴绣『王』字与鼻梁，老虎双耳内各有一立体童子，造型活泼。帽双耳处金箔贴绣金鱼造型，颈后垂帘包边有钉金绣各色折枝花，内部有贴金绣花卉。

黑色帽帘式虎头帽

民国　长25.5、宽12.5、高10.5厘米

全国各地的虎头帽各有不同，但是主旨都是为了给儿童用具有灵性的老虎祛除灾难，保佑平安。此件虎头帽一体为黑色缎地虎身，虎眼以三圈钉银绣勾边，堆绣双眼，额头处以银箔贴绣『王』字与鼻梁，老虎双耳内各有一立体黑色老鼠，帽双耳处银箔贴绣蝶恋花纹饰，帽顶部有银箔贴三蓝绣蝶恋花，双层绦子绲边，颈后垂帘有钉金绣各色花卉纹样。

红地三蓝麒麟送子童帽

清　长40、宽27、高14厘米

此童帽为无顶风帽式，以大红色缎为地，以三蓝绣制麒麟送子，正背两面以打籽绣大朵牡丹，颈后垂帘绣以海水花卉纹。耳部可翻折，内绣蝴蝶花卉纹饰，做工精巧，造型别致。

黑色拉锁绣人物纹童帽

民国　长33、宽21、高11厘米

此童帽一体为黑色缎地，主要以拉锁绣作人物故事纹饰，帽顶分为四格，有才子佳人闲趣纹饰，颈后垂帘有将相纹饰。帽顶两端有垂穗装饰。

红地锁绣花卉纹小云肩

民国　直径25.5厘米

云肩，普通百姓多有佩戴，清代极盛。此云肩为双层织物，由六片红色缎地花瓣形织物缝合而成，形成了完整云肩制式。其上有锁绣彩绣花卉蝙蝠纹饰，下层织物五角皆有浅绿色垂穗。

平绣花卉纹无领小云肩

民国　直径25厘米

此云肩为双层织物，由五片红色缎地花瓣形织物和一层梅花形织物缝合而成，形成了完整云肩制式。其上彩绣花卉动物纹饰，绣以白兔、金蟾、水禽等。下层织物五角缀有彩色垂穗，一角已不存。

平绣花卉纹葵口形无领云肩

民国　直径27.5厘米

清代时，妇女将云肩用在肩上作为装饰物，广泛使用。此时的云肩类型较为多样，以四合如意形为最常见的样式，此外还有对开云肩、柳叶式云肩、串珠云肩等多种。此云肩为葵口形无领云肩，仅一层织物，由五片红色缎地葵口形织物与五片草绿色缎地枣核形织物交叉缝合而成，形成了完整云肩制式。隔片织物上采用钉金、枪针、平绣等诸多刺绣技法，饰以各色花卉纹样。

拉锁绣吉祥纹莲形无领云肩

民国　纵29、横30厘米

云肩诞生之初是一种保护领口肩部的披肩，普通百姓多有佩戴。此云肩为莲瓣式无领云肩。此件仅一层织物，由七条近似于莲花瓣的织物构成主体，在云肩正前方莲瓣下加缀一横向织物。莲瓣纹饰对称，正中央为三栏拉锁子绣寿桃、石榴纹样，左右两侧分别对称排列拉锁子彩绣各色花卉、石榴、金鱼等纹样。

平绣吉祥纹无领小云肩

民国　纵29.5、横29厘米

此云肩为莲瓣式无领云肩，为两层织物，由十条近似于莲花瓣的织物构成主题，纹饰对称，中央为彩绣莲花并莲藕、莲蓬纹样，左右两侧对称以平绣、打籽、网绣制以蝴蝶、花卉纹饰。

三层彩绣四合如意有领云肩

清　宽 78、垂穗 98 厘米

传统云肩一般运用对称、平衡、层叠等方式展开排列，多层饰物的搭配使用，使得披在肩膀上的云肩增加了服装本身的层次感。此云肩由上下三层四合如意形织物构成，上层为黄色缎地钉金绣暗八仙纹，中层为蓝色缎地钉金锁绣宝瓶花卉纹，下层为红色缎地钉金三蓝绣花卉纹。云肩前后各两条月白色缎地飘带，其上绣折枝花卉。整件云肩色彩绚丽，纹饰丰富，寓意美好，是不可多得的云肩精品。

红地贴绣麻姑献寿坎肩

清　纵 30.5、横 22 厘米

民间制作童衣时，常绣以长寿吉祥的纹饰，此童衣坎肩以红色绸缎为底，上以贴绣作麻姑形象，一手托蟠桃花篮，一手执拂尘，腾云驾风而来。坎肩前后两片仅于颈部连接，一旁有盘扣，做工精美。

红地盘金瓜瓞绵绵纹坎肩

清　纵 28.5、横 26 厘米

此童衣坎肩以红色绸缎为底，彩绣蝴蝶花卉纹样，辅以盘金绣枝干瓜果纹饰，双蝶翩飞其间，怡然自得，底端有盘金纹饰花边。坎肩前后两片仅于颈部连接，一旁有盘扣，造型别致。

黑色钉金绣麒麟送子纹肚兜

清

纵 42、横 49 厘米

清代的肚兜主要由老人、儿童与女性穿着。此肚兜为菱形，圆领，下端为圆角，两侧尖角，海色缎地，其上钉金彩绣『麒麟送子』、蝙蝠、祥云、海水等纹样。晋王嘉《拾遗记》中描述，孔子诞生之前，有麒麟吐玉书于其家院，由此演变为『麒麟送子』的典故。中国民间有『麒麟儿』『麟儿』之美称，民间普遍认为求拜麒麟可生育得子。

红色彩绣蝶恋花纹肚兜

清

纵 49、横 59.5 厘米

此肚兜为菱形，圆领，下端为圆角，两侧尖角，红地，其上彩绣蝴蝶、花卉纹饰，细致刻画了牡丹、玉兰、向日葵、莲花等，蝴蝶翻飞其间，翩翩而至。领部绣有蓝色缠枝莲，边框包有黑色包边。

月白色彩绣花卉纹肚兜

清

纵46、横52厘米

月白色彩绣花卉纹肚兜为菱形，圆领，下端为圆角，两侧尖角，彩绣花卉纹饰，牡丹、莲花、菊花，枝叶繁盛，点缀四只蝙蝠，绣面边缘粘有绦边，边框包有黑色包边。

大红色贴绫绣八仙纹肚兜

清

纵57.5、横67厘米

肚兜到了清代，形制以熟知的正方形或扇形等为主，腰间与脖颈处系带。此肚兜为菱形，如意纹圆领，其上饰以跨凤仙人，下端为圆角，饰以贴绫绣海水鱼纹等，水中侧卧一童子，海水之上有牡丹、翠竹等植物纹样，两侧为贴绫如意纹尖角。大红色地，贴绫绣八仙纹样，寓意吉祥健康。

绛紫色绣虎镇五毒纹肚兜

民国 纵44.5、横49厘米

儿童肚兜上的图案多以祈求平安顺遂的内容为主，因此寓意保护儿童平安长大的纹样在此时颇为流行。此肚兜为菱形，圆领双层绦子绲边，领左右两侧各有一粉色扣袢，未见对称盘口，应为系带所用，下端为圆角，两侧尖角，绛紫色缎地，其上饰以『虎镇五毒』、祥云、石榴等纹样，寓意驱邪避疫、多子吉祥。

明黄色打籽绣六蝠捧寿桃纹肚兜

民国 纵43、横53厘米

作为中国传统服装中保护胸腹的贴身衣物，肚兜在不同朝代有着不同的称谓，清代人们称其为『肚兜』『抹胸』等。此肚兜为菱形，圆领，下端为圆角，两侧尖角，明黄色缎地，衣缘部分有黑色缎面包边，中心黑色蕾丝圈边，圆形圈内饰打籽绣蝙蝠、寿桃、牡丹等纹样，寓意六蝠捧寿、长寿富贵。

粉色打籽绣鱼化龙肚兜

民国 纵46.5、横52厘米

粉色打籽绣鱼化龙肚兜，此肚兜为菱形，下端为圆角，两侧尖角，粉色缎地，其上饰以『鱼化龙』纹样。鱼化龙亦名鱼龙变化，可追溯到史前仰韶文化半坡类型时期的鱼图腾崇拜，鱼化为龙，古喻金榜题名。

蓝色绣虎镇五毒纹肚兜

民国　纵40、横47厘米

蓝色绣虎镇五毒纹肚兜，此肚兜为菱形，下端为圆角，两侧尖角，蓝色缎地，其上饰以『虎镇五毒』纹样。五毒即毒蛇、蝎子、蜈蚣、蟾蜍、壁虎，而老虎为百兽之王，象征自信、强大，也有辟邪、求吉之意。每逢五月初五，民间便会给孩子穿上绣有『虎镇五毒』的服饰，以此来求吉避瘟，希望能够驱疫消灾，祈求平安健康。

红色平绣太祖斩蛇纹肚兜

民国　纵47.5、横52厘米

此肚兜为菱形，下端为圆角，两侧尖角，红色缎地，其上绣以历史典故『汉高祖斩白蛇』，这一纹样表达着旧时社会人们所拥有的勇气和抗争精神，以及追求正义、自由的理想信念。明清时期，服饰刺绣中人物纹样得到了广泛应用，尤其是历史典故题材，发展丰富了中国传统刺绣纹样，给后人留下了非常宝贵的物质资料。

黑地锁绣龙纹耳套

民国 各纵10、横9厘米

北方冬季寒冷，在保暖上有许多特有的御寒之物，耳套就是其中之一。耳套常为鸡心形，上面有刺绣图案，一般底部留有带子方便系住，有些耳套内衬有毛皮，以御风寒。黑地锁绣龙纹耳套，黑色缎地，锁绣祥龙纹饰，下有蓝色丝带，小巧精美。

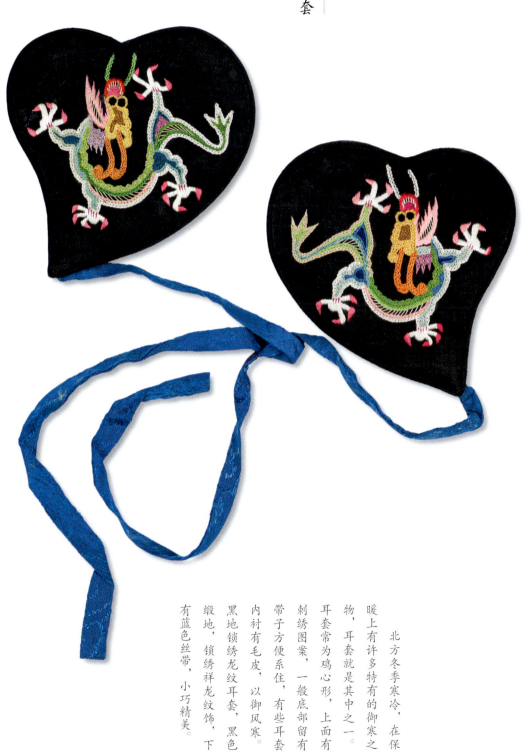

锦绣桑田

织绣研究专辑

陈设

黄缎绣彩云蝠寿钉金银龙纹坐褥

清　纵80、横101.5、厚4厘米

此褥呈矩形，正中心位置用三蓝绣出边界，形成了绣心与外围两部分。其中外围绣有五彩祥云与多只蝙蝠，不同的蝙蝠口中衔不同物品，有的蝙蝠口衔寿桃，有的蝙蝠口衔盘长。蝙蝠、寿桃、盘长、祥云搭配，是清代极其常见的组合，代表着福寿无疆。绣心部分主体装饰有钉金与钉银绣相结合的龙纹，龙纹之下是彩云与『卍』字纹，绣心中的龙一共有九条，分别为一条正龙居中，八条行龙环绕左右。九条龙的龙头、龙爪与龙腹用银线绣制，钉线使用浅色丝线；龙身部分用金线绣制，钉线使用了同色系丝线。此为清代皇室最高等级纺织品的规格。

黄色缎面绣勾莲开光鹤寿纹迎手

清 各长27、宽27、高21厘米

此对迎手为四方迎手，纹饰为仙鹤、寿桃搭配的祝寿主题，开光处线条以红蓝二色绣制的如意云头勾勒为框，内部饰以海水江崖、寿桃等纹样。整件迎手除蝙蝠祥云等纹，还出现了仙鹤、缠枝莲等，遵从了明清以来『纹必有意，意必吉祥』的织绣纹饰风格。

黄色缎绣勾莲『卍』蝠纹迎手

清　各直径24、高23厘米

此对迎手为六方鼓墩状迎手。勾莲纹是明清时期极为流行的吉祥纹样，将莲花与缠绕的枝蔓相结合，作二方连续或四方连续展开，形成连绵不断又枝叶交错的花卉纹样，象征着吉祥永驻。纹样的整体造型设计以正向盛开的红色宝相花为中心内圆，红色由深至浅表达了从里至外的数层花瓣，宝相花的最里层花瓣为圆形，肖似牡丹，外侧花瓣呈条状，肖似莲花。团花上下各装饰有上下延伸的勾莲纹与蝙蝠，纹饰铺设圆满。

黄色地缂丝五福捧寿纹迎手

清 长23、宽23、高18厘米

此迎手为四方迎手，整体纹饰为五福捧寿，此件使用了缂丝的制作工艺。清代皇室使用的迎手，大多会使用如妆花缎、织锦、缂丝、刺绣等高档丝织品为材料制作，其中以织锦和刺绣最为常见，缂丝在其中数量最少，可见其珍贵性。

黄色缎绣勾莲杂宝纹靠背

清　纵76.5、横75、厚10.5厘米

靠背作为一种传统矮坐具时期辅助坐卧的工具，清朝满族流行的大炕与炕桌的搭配使其流行一时。靠背在大炕上直接贴墙摆放，也可以在宝座上缩短座位的纵深空间，加强舒适性。此件靠背整体形制呈『三山』形，以缠枝莲为纹饰主体，其间装饰有佛教八宝的宝伞、双鱼、盘长、右旋螺、宝瓶、莲花、法轮、尊胜幢纹饰，象征着吉祥与佛法无边。内部以金线勾勒出内部『三山』的框架，中心为团花，呈现出从里至外、三层纹饰的繁复装点，将精致华丽的样式与柔软实用的功用合二为一。

明黄绸彩绣勾莲纹坐褥

清 纵81、横83、厚9.5厘米

坐褥多置于宝座或榻上，以隔离木质座椅或墙壁等硬面。此褥成矩形，明黄绸地，主要以三蓝绣出勾莲『卍』字纹，以正向盛开的浅红色宝相花为中心向外蔓延，花蕊以打籽绣铺满，从里至外，由深到浅。周围彩绣莲花和蝴蝶等吉祥纹饰，象征着皇家气象和富贵。

书画

管道昇《十八尊者》册页

元　纵33.5、横27厘米

册页本幅共16幅，作者在原有的『十八罗汉』上添加了『降龙罗汉』与『伏虎罗汉』，20人加上6位尊者菩萨，共26人，册尾有元僧中峰禅师，明人金文鼎、王谦题跋。

纵观整件册页，擘丝极细，针法多样，多为齐针铺纹平绣，有滚针、平针、套针、钉针、打籽（人物护臂部分）、网针（人物甲胄、服饰的网状装饰）、施毛针（动物绒毛部分）等。在刺绣的基础上加入绘画丰富细节，使作品生动饱满。

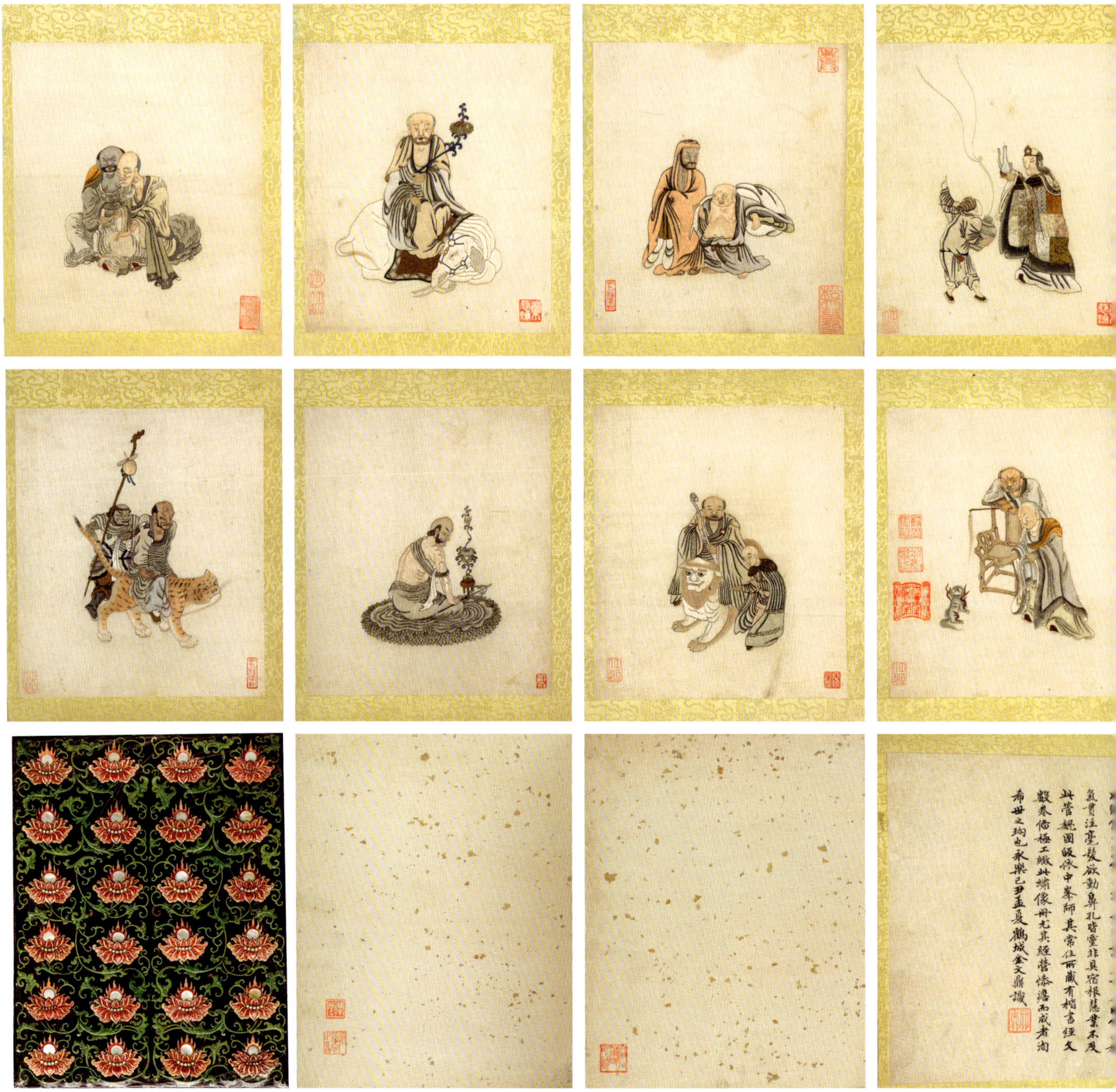

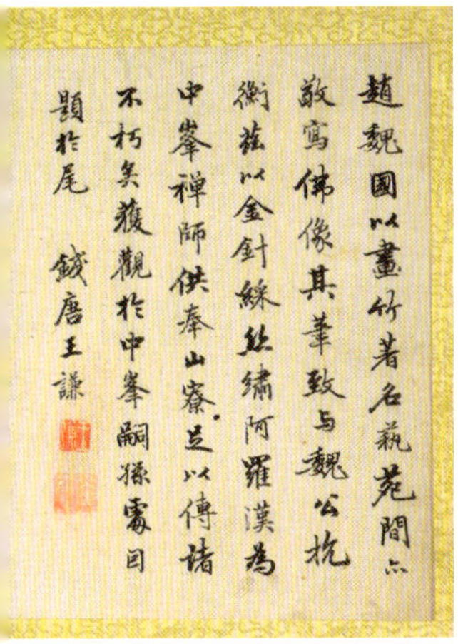

趙魏國以畫竹著名藝苑閒亦
敬寫佛像其筆致与魏公抗
衡茲以金針綵絲繡阿羅漢為
中峯禪師供奉山寮足以傳諸
不朽矣獲觀於中峯嗣孫露目
題於尾　錢唐王謙

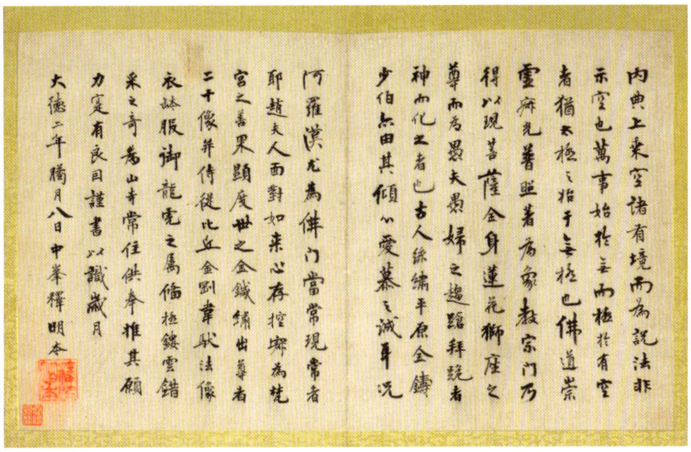

内典上乘空諸有境而為說法非
示空也萬事始於無而極於有空
者猶太極之始乎無極也佛道崇
靈府先著照著為象教宗门乃
得以現菩薩全身蓮花獅座之
尊而為愚夫愚婦之趨蹌拜跪者
神而化之者也古人絲繡平原金鑄
少伯亦由其傾心愛慕之誠耳況
阿羅漢尤為佛门當常現常者
耶趙夫人面對如來心存控嚮為梵
宮之善果顯度世之金鍼繡出尊者
二十像并侍從比丘金剛韋馱法像
衣袂服御龍虎之屬備極鏤雲錯
采之奇為山寺常住供奉推其願
力寔有良因謹書以識歲月
大德二年臘月八日中峯釋明本

第一页局部

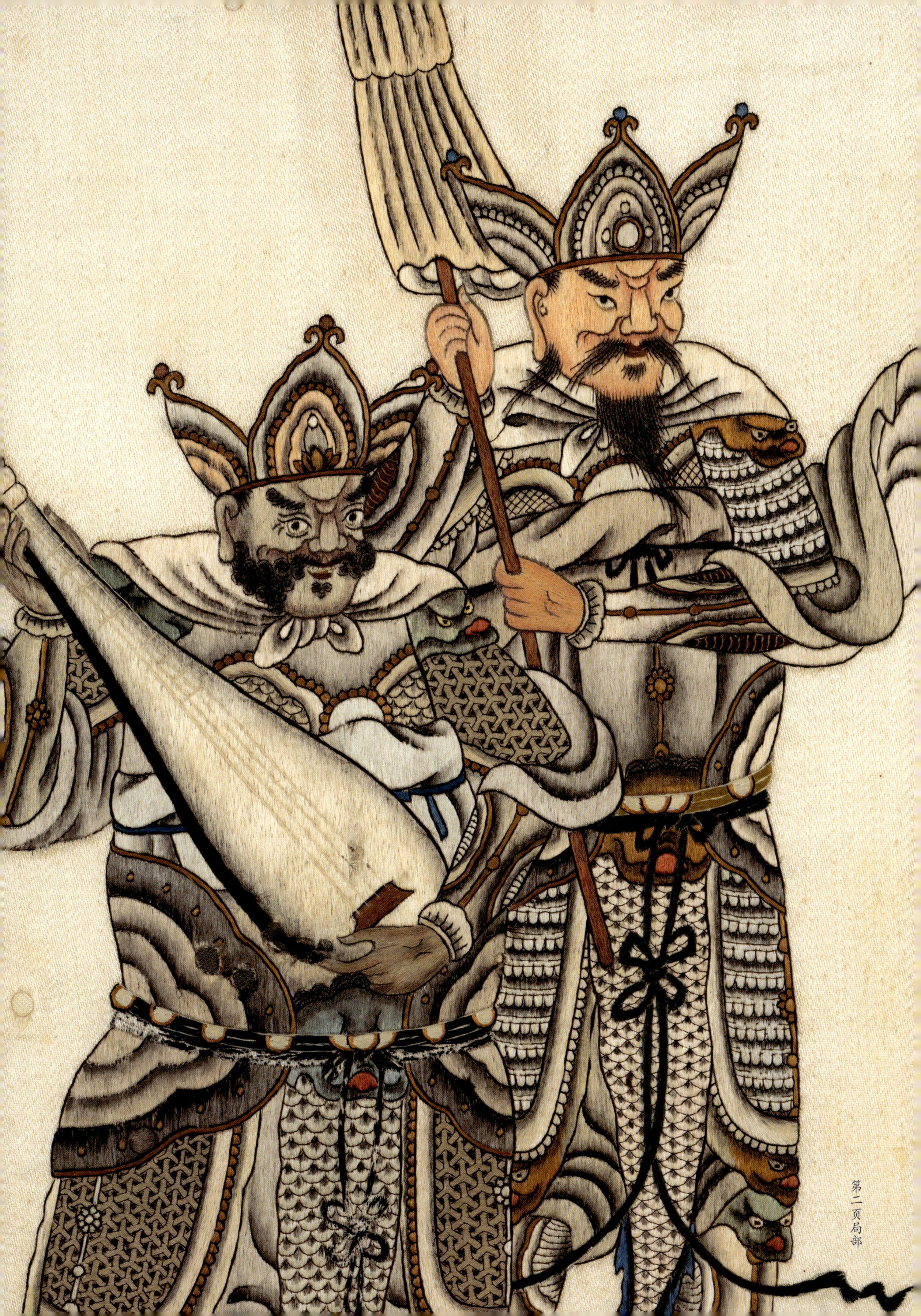

第二页局部

第三页局部

第四页局部

第五页局部

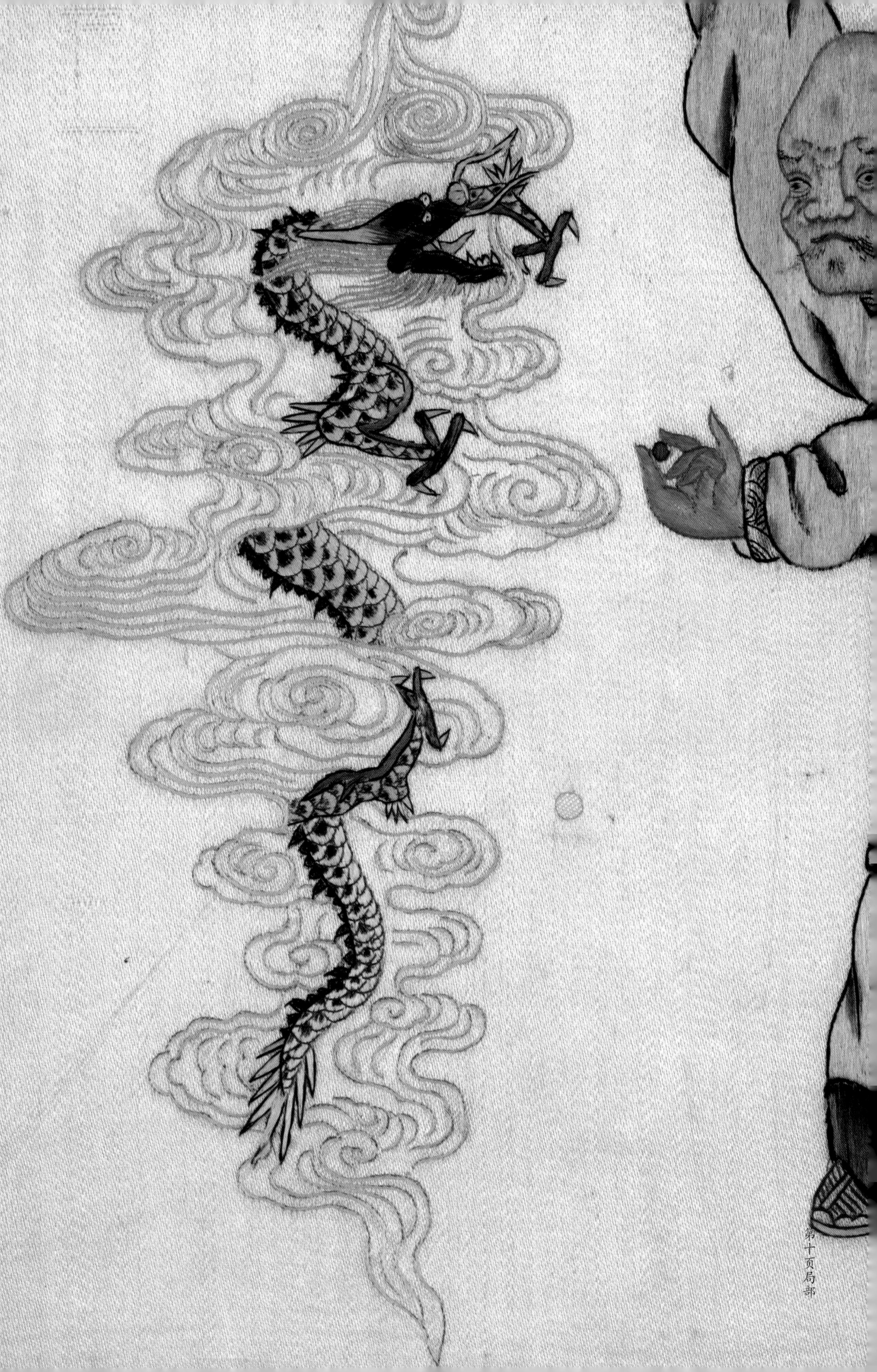

第十页局部

顾绣八仙祝寿图

清　纵132、横42厘米

顾绣八仙祝寿图，结合顾绣绣、画结合的特点，画面中以云雾分隔高台与青山，半山腰上八仙中的七位向山上行进，怡然自乐，高台上寿星与汉钟离向手捧仙桃、跨凤而来的西王母行礼奉酒。图中点缀青松、仙鹤和桃枝，暗合松鹤延年、长寿健康之意。其上方墨书：『几会瑶池开暖阁，云移霄汉赴蟠桃。』并绣有『露香园』朱文圆印与『虎头』朱文方印。

顾绣海屋添筹图

清　纵134.5、横42.5厘米

顾绣海屋添筹图，结合顾绣绣、画结合的特点，以海屋添筹典故为背景，画面中以云雾分隔高台与青山，山顶平台上三位老人持筹谈论，山间点缀青松，山路上童子持卷，花鹿回首，远处房屋和仙鹤仿佛在云海中飘浮，如仙境一般。上方用黑线绣出题款：『海屋筹添数，三公位可斯（期）。』并绣『露香园』朱文圆印与『青碧斋』朱文方印。

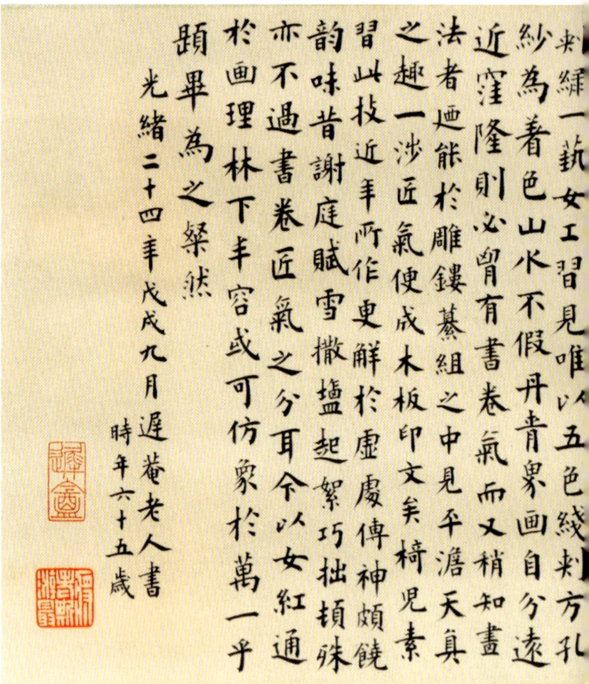
刺繡一藝女工習見唯以五色綫刺方孔
紗為着色山水不假丹青象画自分遠
近窪隆則必胷有書卷氣而又稍知畫
法者迺能於雕鏤綦組之中見平澹天真
之趣一涉匠氣便成木板印文矣椅兒素
習此技近年所作更鮮於虛處傳神頗饒
韻味昔謝庭賦雪撒鹽起絮巧拙頓殊
亦不過書卷匠氣之分耳今以女紅通
於画理林下丰容或可彷彿於萬一乎
題畢為之粲然
光緒二十四年戊戌九月遲菴老人書
時年六十五歲

纳纱山水图轴

清　纵103、横34厘米

纳纱山水图轴，作者只以纳纱绣技艺制成，在素纱上刺绣山水树木。画面中远处为群山，近处为水纹树木，远近辉映，趣味盎然。由周围题跋可知该图轴为1898年女儿李椅为父亲李在铣制作的绣画礼物。

绣耄耋图

清　纵48、横60.5厘米

黑色缎地彩绣花卉、猫和蝴蝶，『猫』与『耄』，『蝶』与『耋』皆同音，组成『耄耋』纹样，寓意长寿富贵。在技法上主要使用平针、套针、施毛针和打籽绣等针法，细腻刻画戏于花丛的猫、蝶。画面的右下方，有绣线所绣印章『农工商部绣工科制』。

纳纱芝仙富贵图

清 纵158、横35厘米

纳纱芝仙富贵图，以纳纱绣牡丹、红豆、兰花、灵芝，组成芝仙富贵纹饰。牡丹寓意富贵，灵芝在神话传说中被寄予丰厚的吉祥寓意。它作为吉祥瑞草，寓意健康长寿。因此该纹饰多用于祝寿贺喜的场合。

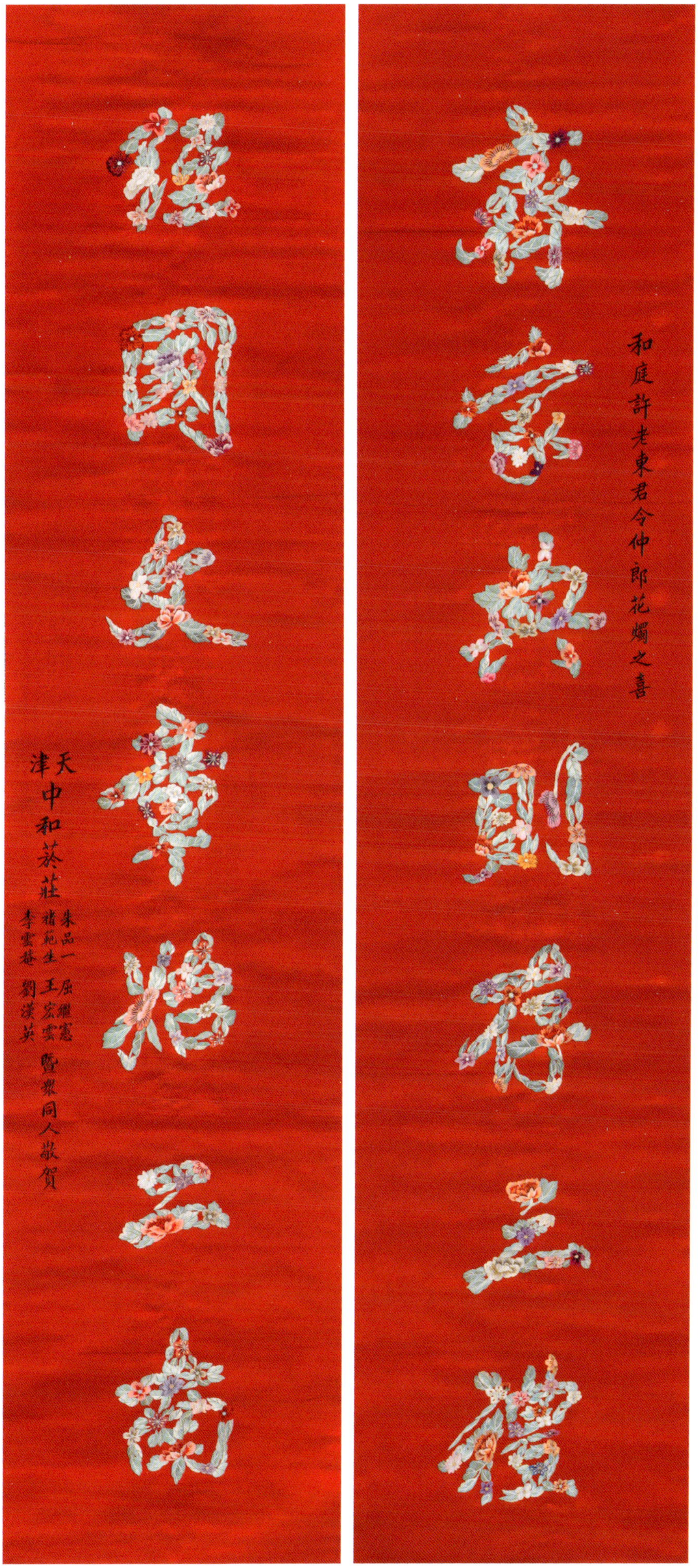

刺绣花卉楹联

民国 各纵 184、横 39.5 厘米

刺绣花卉楹联，以红色缎为底，彩绣花卉纹饰组成文字，种类丰富、形态各异，主要针法有平针、套针、滚针等。楹联内容为『齐家典则存三礼，经国文章始二南』，其中『三礼』是指《周礼》《仪礼》和《礼记》，『二南』则是指《诗经》中的《周南》和《召南》，赞扬家风，也有希望自家端方持正、求吉纳福之意。题跋为装裱完成后才绣上去的。

刺绣何绍基书《花蕊夫人宫词》四条屏

民国　各纵 110、横 26 厘米

刺绣何绍基书《花蕊夫人宫词》四条屏，以何绍基的书法为本，以白色软缎为底，以墨色绣线斜缠针刺绣而成，绣工细密，绣字的连笔和笔锋也表现得十分到位。这种类型的书法刺绣多见于苏绣、湘绣，因为以原作品为底本，字体与原作差距不大，绣工也追求笔墨效果，所以远远看去就像真的书法作品一样。

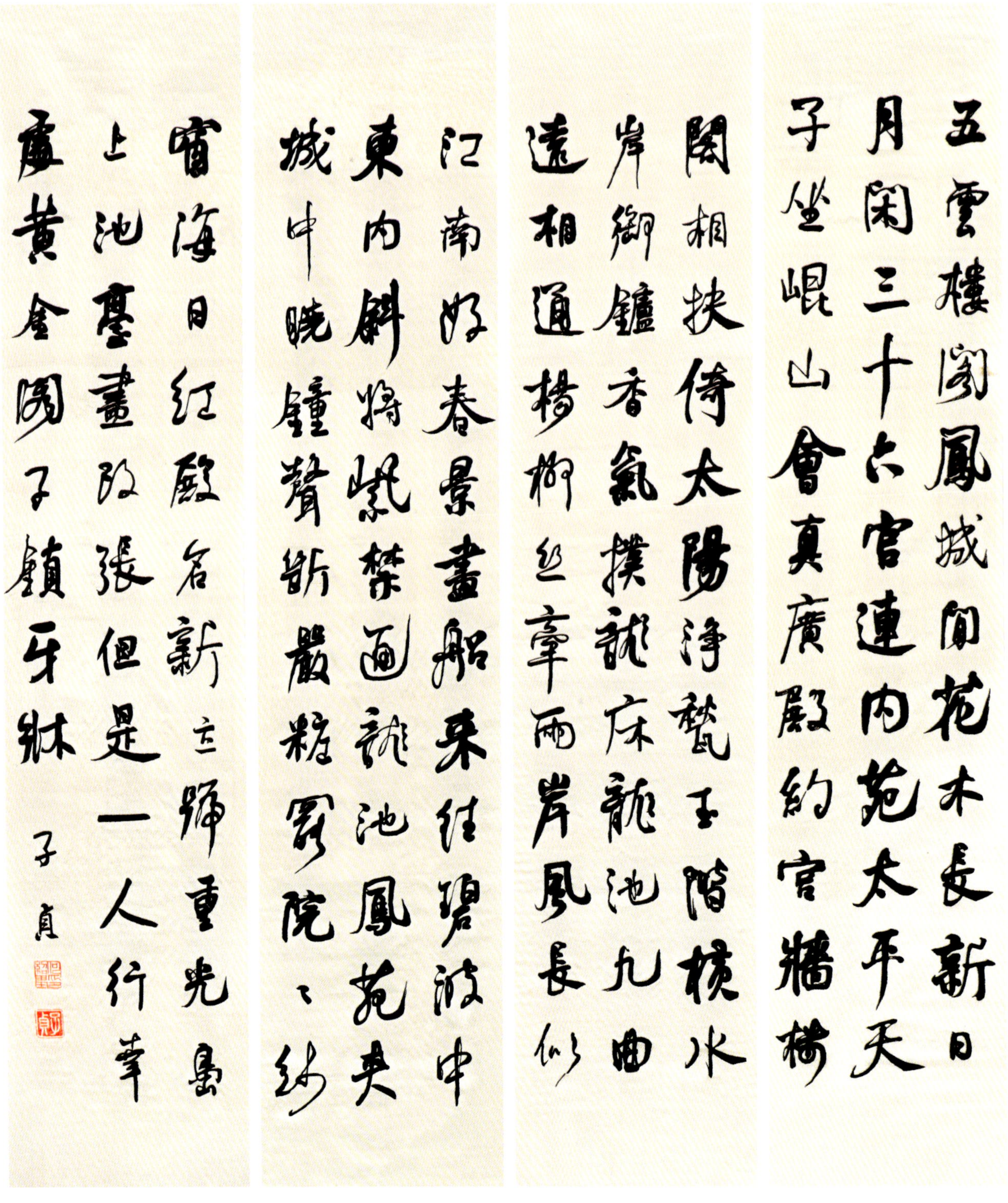

刺绣花卉楹联

民国　各纵258、横51厘米

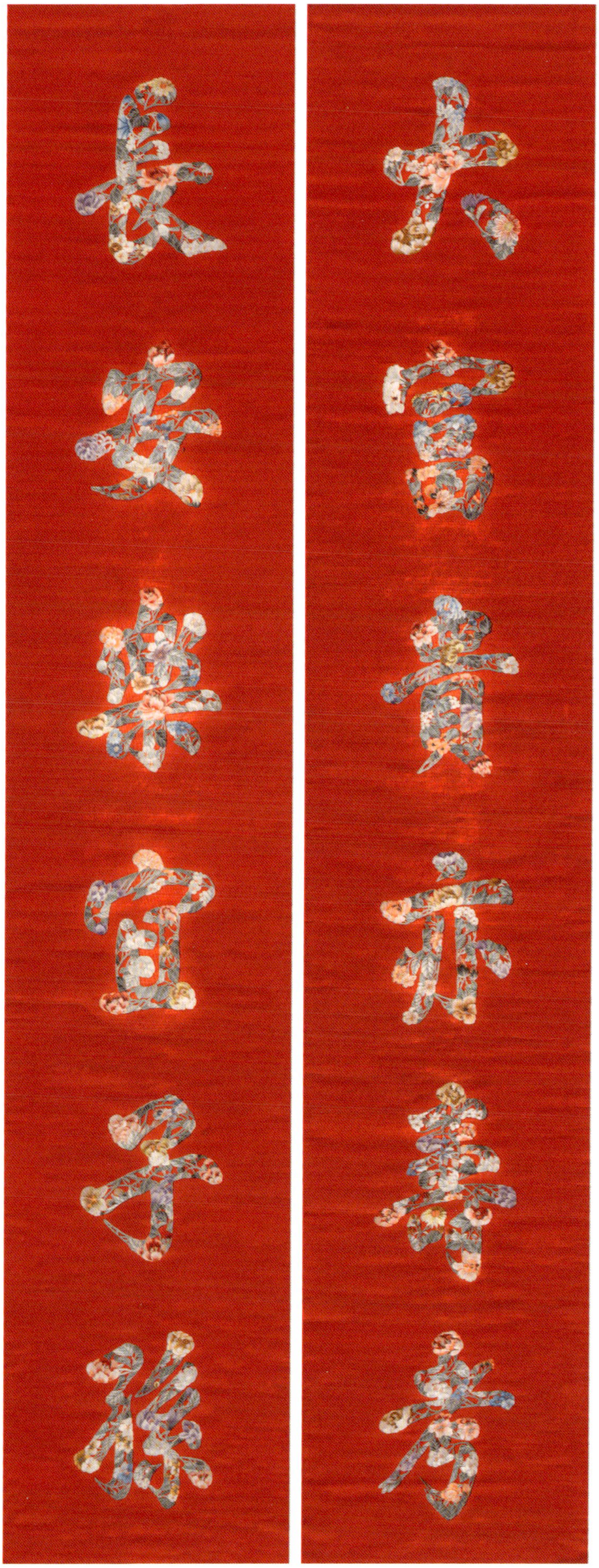

刺绣花卉楹联，以红色缎为底，彩绣花卉纹饰组成文字，种类丰富、形态各异，主要针法有平针、套针、滚针等。花卉间以叶片链接，支撑文字框架结构，并以花卉叶片的各种形态体现出书法笔锋，在构图上丰富色彩，使整幅作品的展现效果更为饱满。

绣八仙人物布裱挂画

民国 各纵190、横46厘米

绣八仙人物挂画，以布料装裱，分为两联，彩绣八仙人物纹样，各执法器，立于彩色祥云之上，颜色鲜艳，常在祝寿贺喜时装裱使用。

绣八仙人物花卉纸裱挂画

民国　各纵228.5、横44.5厘米

绣八仙人物挂画，装裱精美，分为两联，彩绣八仙人物纹样，各执法器，周围环绕各色花叶，颜色丰富，过渡自然，常在祝寿贺喜时装裱使用。

绣麻姑献寿人物图

民国　纵252、横107厘米

麻姑献寿人物图，以红色缎为地，彩绣麻姑形象于正中，一手持锄头，一手持灵芝，上挂装有寿桃、佛手的花篮，身后仙鹤随行，有祝福长寿之意。在技法上主要使用平针、套针、施针、盘银绣、网绣等，为祝寿贺喜的装点挂画。

乾隆缂丝花卉双挖轴

清　纵215、横40厘米

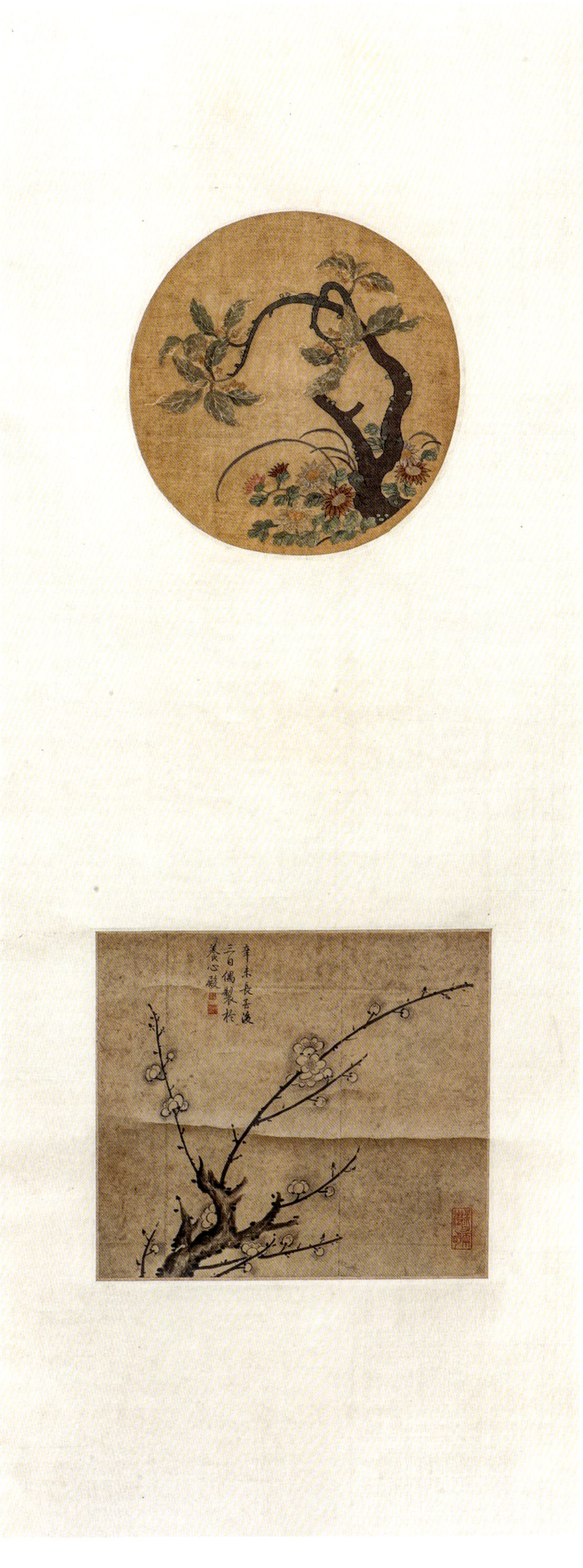

乾隆缂丝花卉双挖轴，内容为上下两部分，上半部为圆形缂丝花卉，枝干粗壮，花叶繁盛，叶脉处以缂金丝装饰，富丽精美。下半部为方形书画，作冬日白梅，墨书题款为『辛未长至后三日偶作于养心殿』，右下角有『水月两澄明』朱文方印。

缂丝『吉祥如意』

清　纵57.5、横20.5厘米

缂丝『吉祥如意』，以蓝色丝线缂织为底，橘色丝线缂织『吉祥如意』四字，周围缂织有佛教八宝的宝伞、双鱼、盘长、右旋螺、宝瓶、莲花、法轮、尊胜幢纹饰，底部两角缂织有玉如意，并以云纹进行装饰。

缂丝群仙祝寿图

清 纵187.5、横94.5厘米

缂丝群仙祝寿图，展现群仙向西王母祝寿的景象。以绛红色、红色丝线缂织出底色，空中西王母跨彩凤而来，众仙女手捧寿桃，执掌麈扇紧随左右，麻姑与仙女乘槎而来，满载蟠桃。瑶台上福禄寿三老作揖，携童子向王母献寿，下方山石上正行走的八仙人形态各异，各持宝物。一旁有着仙桃累累的果树，苍松翠柏、寿山福海、仙鹤、灵芝、仙桃、蝙蝠等象征长寿的景物贯穿整幅画面，突出了祝寿的主题。各种人物与装饰图案呈现在画面中间，工艺复杂，为难得一见的精品。

缂丝访友图

清　纵 40.5、横 43 厘米

缂丝访友图，描绘五位老人聚会访友的场景，老人分站两岸，童子穿梭山石之间，寓意祝福长寿健康。山石为三蓝缂法所织，其间松柏、翠柳枝繁叶茂，有年岁悠长、四季常青之意。三蓝缂法是在浅色地上，用深蓝、蓝、浅蓝三种色相相同、色调不同的丝线作退晕处理，用于表现山石、云雾的层次感，使得山石远看有层峦叠嶂的立体效果。

缂丝麻姑献寿人物图

清　纵124、横62厘米

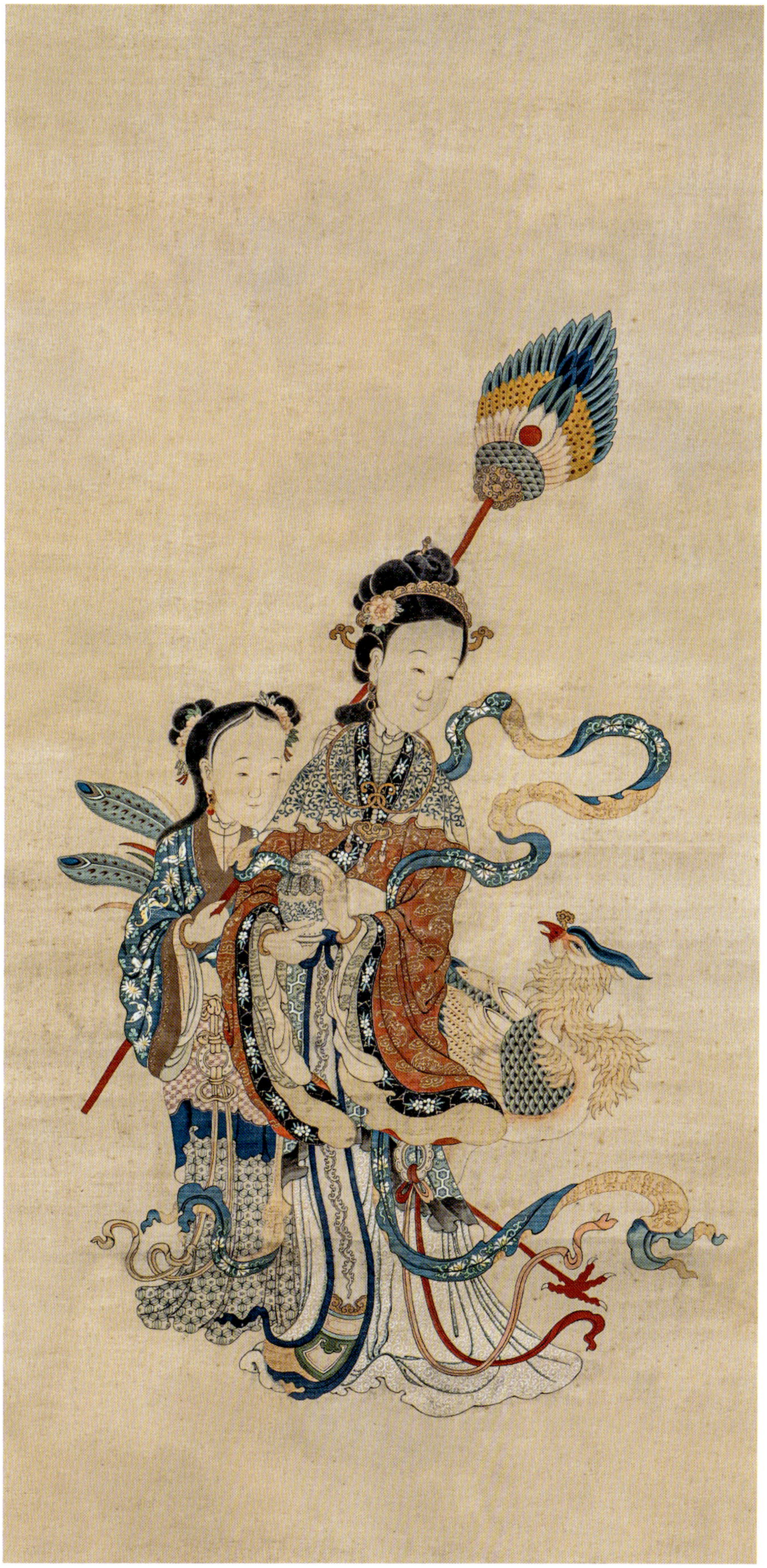

缂丝麻姑献寿人物图，以白色丝线缂织为底，麻姑身穿华服，手捧宝瓶，风姿绰约。左侧童女手持麈扇紧随其后，右侧彩凤口衔灵芝，昂首回望。麈扇的兽首、人物饰品、灵芝皆以金线缂织，衣饰、羽毛、面孔等细节皆以颜料画就，精细绝伦，属清代缂丝精品。

锦绣桑田

织绣研究专辑

日常用品

镜帘

红缎地盘金独占鳌头镜帘

清　纵 74、横 39 厘米

红缎地盘金独占鳌头镜帘，红色缎地，彩绣人物立于鳌首，水波翻腾，周围绣以花石、龙门和蝙蝠装饰。镜帘上端绣有灵芝、兰花。独占鳌头，在科举时代，殿试之后皇帝会传旨宣布登第进士的名次，赞礼官便会带着状元和榜眼两人到宫殿前的大台阶下，迎接殿试榜文，听候皇帝宣召。状元的脚下就是刻有龙和巨鳌的台阶。之后这个成语多指在竞争中夺得首位，也是对勤奋进取、努力学习的认可。

蓝地福寿花卉纹镜帘

清　纵62、横48.5厘米

蓝地福寿花卉纹镜帘，深蓝色缎地，绣以牡丹、菊花，寓意富贵长寿。其上绣制蝴蝶、蜻蜓、蝙蝠、飞鸟，寓意福禄健康。在技法上，主要使用了平针、套针、打籽、接针、盘金等，刻画细腻，做工精美。

红地绣天仙配故事纹镜帘

民国　纵57.5、横38.5厘米

红地绣天仙配故事纹镜帘，绣面为红色缎地，彩绣天仙配故事，表现了董永与七仙女天人分离的场景。董永身着华服作揖，小童手持伞盖于其后，仙女怀抱婴儿远赴天宫，周围点缀松树兰草、山石蝴蝶，造型别致。

F-1433-1
文物商店
年代

门帘

红地平金八仙『囍』字门帘

清　纵328、横144厘米

红地平金八仙『囍』字门帘，红色缎为地，整体以平金钉金、银线绣制，上端彩凤围绕牡丹，八仙列于左右两侧，正中为巨型『囍』字，下方作博古装饰，底端为彩狮戏球，上有两条缎带，绣以『天地长春，室家相庆』字样。门帘整体喜庆华丽，为重要庆典时所用。

红地彩绣五子登科门帘

民国　纵189、横110厘米

红地彩绣五子登科门帘，红色缎地，上端彩绣五位童子，或手执旌旗，或持花游玩，或手拉石榴小车，下端绣花卉、孔雀。五子登科，出自《三字经》：『窦燕山，有义方，教五子，名俱扬。』后人提炼出成语，寓意子孙成才，代代兴荣。

挂帐

八仙福禄寿群仙帐沿

清　纵84、横425厘米

八仙福禄寿群仙帐沿，以红色绸缎为底，采用平绣针法，正中三人为福禄寿三仙，八仙分立两侧，描绘群仙祝寿的场景，色彩艳丽，层次丰富。

桌裙

红地彩绣盘金八宝纹太平有象桌裙

清　纵96、横90厘米

红地彩绣盘金八宝纹太平有象桌裙，以红色绸缎为地，绣以太平有象纹饰，上端装饰八宝纹饰，宝瓶中牡丹艳丽，两侧花卉繁多，精巧繁复。传说舜死后，其陵墓前曾出现「大象刨土、彩雀衔泥」的异常现象，因而人们认为象极有灵性，白象耕土是天下太平的预兆，「象」与「祥」字谐音，「瓶」又与「平」字谐音，渐渐多以白象驮瓶寓意四海升平的祥和景象。

红地彩绣鹿鹤同春桌裙

民国　纵101、横101厘米

红地彩绣鹿鹤同春桌裙，以红色绸缎为地，绣以鹿鹤同春展现长寿、吉祥、财富的寓意，是旧时民间喜庆之日垂挂在桌前的遮蔽物，作装点之用。

红地盘金博古花卉纹绣片

清　纵53.5、横77厘米

红地盘金博古花卉纹绣片，以红色绒缎为地，中间绣以插花龙纹瓷瓶，花叶繁盛。左侧为书册和宝磬，设一花盆，内为兰花。右侧为博古架，上设香炉，中间摆插瓶，寓意平升三级，下为果盘，内为佛手。皆以盘金线固定边缘，做工精巧，造型精美。

红地平绣夫妻好合纹绣片

民国　纵 41、横 40.5 厘米

红地平绣夫妻好合纹绣片，绣片为红地，平绣夫妻好合主题的人物纹样，刻画出夫妻二人感情融洽、琴瑟和鸣的生活状态，表达出当时人们对于合家美满幸福生活的向往。刺绣中的吉祥图案，尤其是人物纹样题材的刻画，更多的是一种情感的传递，直观、生动地表达着人们对于美好生活的愿景。

红地二龙戏珠绣片

民国　纵 204、横 332 厘米

红地二龙戏珠绣片，以红色缎为地，整体主要以钉金、银线绣二龙戏珠和海水花卉纹饰，大气磅礴。

红地打籽绣双狮戏球绣片

清　纵116、横32厘米

红地打籽绣双狮戏球绣片，绣片为红地，打籽绣双狮戏球，大狮俯卧，小狮昂首，憨态可掬。周围平绣花卉杂宝纹饰，寓意富贵吉祥。

囊佩

扇套

红地平金花蝶纹扇套

清　纵31、横6.5厘米

红地平金花蝶纹扇套，上部为如意造型，下部接一长袋。整件绣品在红缎地上平金绣制如意云纹及蝴蝶、桃子、花叶等纹饰。

黑地珠绣三多纹扇套

民国　纵32、横6厘米

黑地珠绣三多纹扇套，上部为如意造型，下部接一长袋。整件绣品在黑缎地上钉珠，并钉白线以示分界细节，作蝙蝠、寿桃、佛手等吉祥纹饰，寓意长寿多福、吉祥安康。

红地珠绣花蝶纹扇套

清 纵27、横6厘米

红地珠绣花蝶纹扇套，上部为如意造型，在红缎地上钉大小颜色各异的珠子，作蝴蝶、花枝纹饰，工艺精巧，纹饰别致。

红地如意式盘金绣扇套

民国 纵31、横6厘米

如意式盘金绣扇套，上部为如意造型，下部接一长袋。整件绣品在红缎地上盘金、盘银绣一如意云纹及博古纹样，金、银线使用各色绣线均匀钉压，使其呈现不同色彩效果。

蓝地钉线绣古印纹扇套

民国　纵29.5、横6厘米

蓝地钉线绣古印纹扇套，上部为如意造型，蓝缎地，以各色丝线钉压成各式印文图案，布局均匀有致，古朴雅致，做工精巧。

粉地平金三多纹扇套

清　纵30、横6厘米

粉地平金三多纹扇套，整体以平金绣制如意云纹及佛手、寿桃、石榴纹饰，寓意长寿多福、子孙繁盛、吉祥安康。

白地平金吉祥纹扇套

清　纵31.5、横5厘米

白地平金吉祥纹扇套，整体以白色缎为地，彩绣亭台山水，辅以墨线添加细节，以平金绣平铺表面，作漏窗取景状，更显别致新奇。

扳指套

黄地拉锁绣草虫纹扳指套

清 直径5、高5.6厘米

黄地拉锁绣草虫纹扳指套，造型呈圆柱体样式，上端开盖，方便扳指的拿取与存放，上端系有绳带便于佩戴，扳指套外彩绣花卉虫草纹。

蓝地拉锁绣花卉纹扳指套

清　直径5、高5.6厘米

蓝地拉锁绣花卉纹扳指套，造型呈圆柱体样式，上端开盖，方便扳指的拿取与存放，上端系有绳带便于佩戴，下端系有坠穗，扳指套外绣梅花纹样。

拉锁绣梅花纹葫芦形烟荷包

清　纵17.5、横8.5厘米

《竹枝词》中曾云：『为盛烟叶淡巴菰，做得荷包各式殊。未识何人传妙制，家家依样画葫芦。』可见葫芦形烟荷包的流行程度。拉锁绣梅花纹葫芦形烟荷包，上端开口，由囊袋与绳带两部分构成，囊袋为葫芦形，荷包为黑地，两面皆绣以梅花纹样装饰。

拉锁绣葫芦形烟荷包

清　纵17.5、横8.5厘米

此件拉锁绣葫芦形烟荷包为黑地，上方绣以花瓶、花卉纹样。花瓶作为刺绣纹样，也被赋予了独特的文化内涵，因『瓶』与『平』同音，常被视为平安、吉祥的象征。

白地拉锁绣清供纹烟荷包

清　纵17.5、横8.5厘米

白地拉锁绣清供纹烟荷包，上端开口，囊袋为葫芦形，白地，双面彩绣花瓶、花卉纹饰，一面为桃花红豆，一面为莲花，清雅精致。

白地网绣琴棋书画纹烟荷包

清　纵17.5、横8.5厘米

白地网绣琴棋书画纹烟荷包，上端和侧边开口，囊袋为葫芦形，白地，双面以黑线网绣琴棋书画四艺纹饰，部分绣以红线装饰，荷包中部绣制插花装饰，别致精巧。

黑地拉锁绣琴棋书画纹烟荷包

清　纵18、横8.5厘米

黑地拉锁绣琴棋书画纹烟荷包，上端和侧边开口，囊袋为葫芦形，黑地，双面主要以拉锁绣琴棋书画四艺纹饰，棋盘以网绣制作棋盘网格，周围饰以吉祥纹饰和茶壶、笔筒、盖碗等书房用品，别具一格。

打籽绣花卉『寿』字纹腰圆荷包

清　纵10.5、横12厘米

打籽绣花卉「寿」字纹腰圆荷包造型圆润，收口处为风琴褶，采用打籽绣，以各色花卉、红色团寿纹、白色长寿纹为纹样题材，香囊上方绳带饰有绿松石，工艺精细。

纳纱绣『寿』字纹腰圆荷包

清　各纵8、横12.5厘米

纳纱绣『寿』字纹腰圆荷包一对，造型为腰果形，收口处为风琴褶，使用深蓝色素缎拼接。纹样皆采用纳纱法绣以『寿』字和海水纹饰，皆有绳带，典雅古朴。

纳纱绣博古纹腰圆荷包

清 各纵7.5、横11厘米

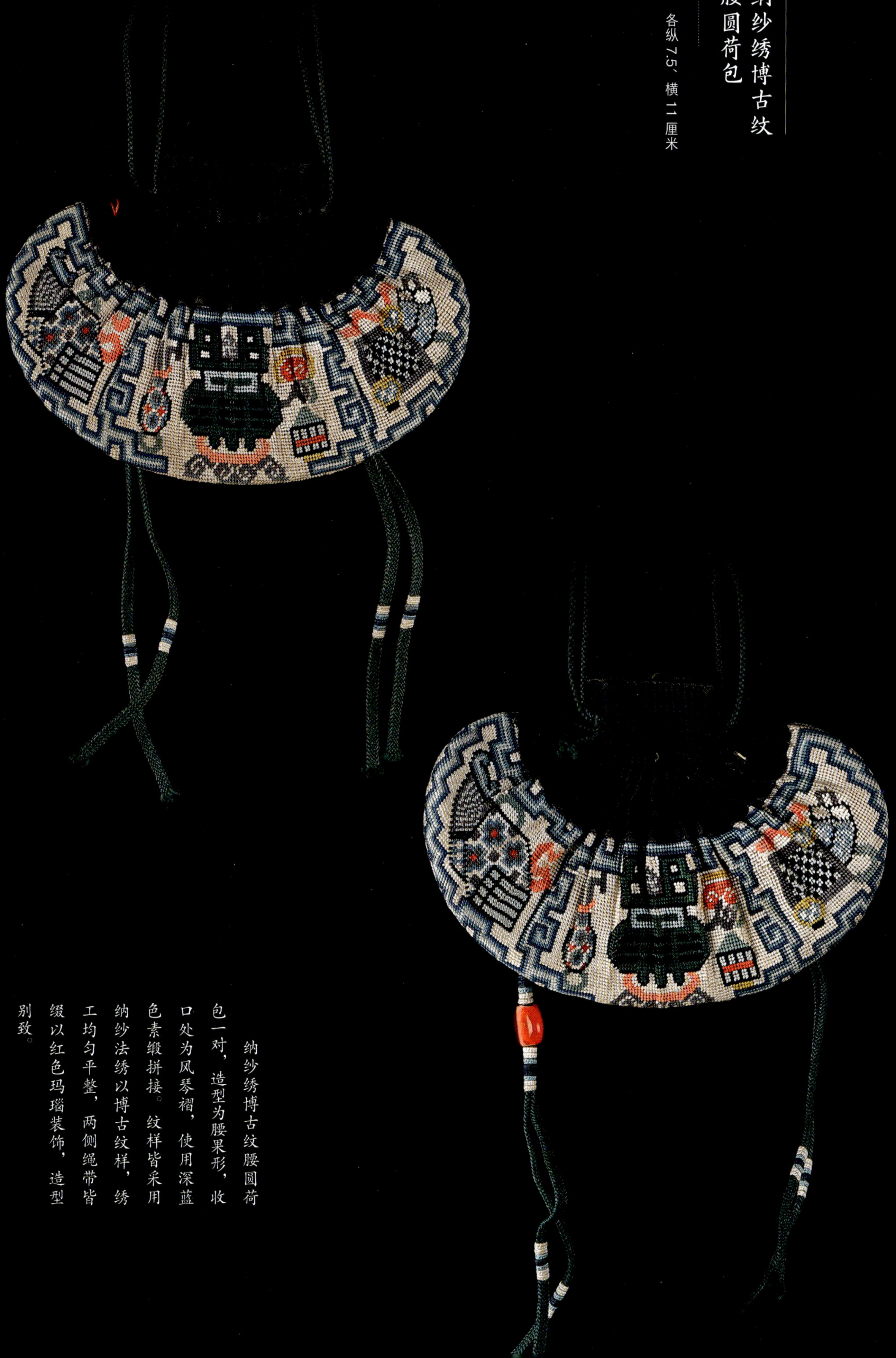

纳纱绣博古纹腰圆荷包一对，造型为腰果形，收口处为风琴褶，使用深蓝色素缎拼接。纹样皆采用纳纱法绣以博古纹样，绣工均匀平整，两侧绳带皆缀以红色玛瑙装饰，造型别致。

红地拉锁绣鱼跃龙门圆荷包

民国　纵12、横15厘米

红地拉锁绣鱼跃龙门圆荷包，以三蓝为主要颜色，绣以鱼跃龙门纹饰。《辛氏三秦记》中有记：『河津一名龙门，禹凿山开门，阔一里余，黄河自中流下，而岸不通车马。每逢春之际，有黄鲤鱼逆流而上，得过者便化为龙。』后鱼跃龙门用来比喻举业成功或地位高升。

红地拉锁绣鱼跃龙门圆荷包

民国　纵12、横15.5厘米

红地拉锁绣鱼跃龙门圆荷包，以拉锁绣为主要技法，绣以鱼跃龙门纹饰，仅以龙头、彩坊门和鱼尾表现纹饰主题，体现了在同一纹饰内容下，表达形式的多样性。

绛紫地拉锁绣龙纹圆荷包

民国　纵12、横15.5厘米

绛紫地拉锁绣龙纹圆荷包，以三蓝为主要颜色绣祥龙纹饰。龙首高昂回顾，嘴部微张，极具威严震慑之感。

蓝地拉锁绣瓜瓞绵绵圆荷包

清　纵12.5、横16.5厘米

蓝地拉锁绣瓜瓞绵绵圆荷包，荷包为蓝地，包身部分绣以瓜瓞绵绵纹样。《诗经·大雅·绵》曾这样形容瓜类：『绵绵瓜瓞，民之初生，自土沮漆。』也就是说，历史如同藤蔓上的瓜果一样绵延传承，所以民间常以瓜类纹样来形容子孙后代繁荣昌盛、传承久远。

蓝地花开富贵圆荷包

清 纵12、横15.5厘米

蓝地花开富贵圆荷包，包身部分为打籽绣花开富贵纹饰，辅以蝙蝠等吉祥纹饰，代表人们对美满幸福生活、富有和高贵的向往和追求。

红地盘金打籽绣花卉纹圆荷包

清　纵12、横15厘米

红地盘金打籽绣花卉纹圆荷包，整体采用打籽绣法，绣以花瓶、花卉纹样，图案边缘处钉银线以示边界。『瓶』与『平』同音，常被视为平安、吉祥的象征，牡丹富贵艳丽，别具一格。

黑地钉线绣铜钱纹圆荷包

民国　纵13、横17厘米

黑地钉线绣铜钱纹圆荷包，钉以蓝白线作瑞兽、铜钱纹饰，瑞兽正对铜钱，瑞兽为福，『钱』与『前』同音，寓意福在眼前，简单精巧。

打籽绣花卉纹圆荷包

清　纵11.5、横15.5厘米

打籽绣花卉纹圆荷包，整体采用打籽绣法，满绣牡丹纹样，纹样姿态各异，配色鲜明，每籽针法均匀一致且排列有序，使得荷包极具美感与立体感。牡丹被誉为中国的『国花』之一，因其绚丽明艳的色泽、富丽饱满的形态深受大众的美誉，有华丽、富贵之意。

红地双狮戏球圆荷包

民国 纵12、横17.5厘米

红地双狮戏球圆荷包，包身部分彩绣双狮戏球纹饰，眼睛与铃铛则以贴金装饰，辅以蝙蝠纹饰，寓意吉祥如意。

盘金绣博古纹圆荷包

清 纵13、横17.5厘米

盘金绣博古纹圆荷包，荷包为红地，其博古装饰纹样由打籽绣和盘金绣两种绣法绣成，其纹样主体为三蓝打籽绣，加以盘金绣点缀，由此形成的纹样赋予了荷包更加丰富的色彩与层次变化，精致而生动。

拉锁绣博古纹圆荷包

民国　纵 11.5、横 15.5 厘米

拉锁绣博古纹圆荷包，荷包为红地，正面以深红色素缎为地，包身下方采用拉锁绣法，绣以『文人四友』等器物纹样，针法整齐精致，纹样扎实紧密，富有装饰趣味。

珠子绣蝴蝶纹圆荷包

民国　纵 12.5、横 15 厘米

珠子绣蝴蝶纹圆荷包，正面以蓝缎为地，上方的蝴蝶纹样便是采用缀珠工艺绣制而成的，纹样饱满灵动，色彩丰富晶莹华丽，极具美感。蝴蝶是吉祥图案中常出现的纹样，其绚丽的颜色和花纹造型给人无尽的想象空间，有着诸多美好的意蕴。

平绣蝴蝶纹圆荷包

民国 纵12.5、横15厘米

平绣蝴蝶纹圆荷包，荷包为紫地，平绣黑色蝴蝶纹样。蝴蝶一直因其身美、形美、色美为人们所喜爱，又因『蝴』与『福』谐音，蝴蝶也被赋予了吉祥的意义。在中国传统文化中，蝴蝶也是爱情的象征，文艺作品《梁祝》就是借用蝴蝶，表达了对于自由与爱情的向往。

蓝地打籽绣花卉纹圆荷包

清 纵11.5、横15.5厘米

蓝地打籽绣花卉纹圆荷包，盘银绣花篮纹、牡丹花纹，绣法新颖，别有一番装饰意味。花篮纹作为传统吉祥纹样，常出现在服饰刺绣中，常表现吉祥、庆贺之意，也象征着美丽、吉祥与美好的祝愿。

锁绣富贵多子纹圆荷包

民国　纵12.5、横16.5厘米

锁绣富贵多子纹圆荷包，包身绣葡萄、松鼠纹样。葡萄因其果实数量多，其纹样寓有人丁兴旺、美好和睦之意。松鼠纹也是较为常见的吉祥纹样，在刺绣、瓷器、玉器、书画中多有出现，象征着多子多孙的美好寓意。葡萄与松鼠的组合，既表达了多子多福与丰收之意，也反映了自然界中动植物和谐相处的自然之美。

拉锁绣刘海戏金蟾纹钱荷包

民国　纵11、横12厘米

拉锁绣刘海戏金蟾纹钱荷包，荷包为紫地，盖上绣以鱼跃龙门纹样，展现鱼跃过龙门便化身为龙的情形，常代指中举或升官发财等喜事，寓意生活、学业、事业能够更上一层楼。包身绣以刘海戏金蟾纹样，内容为一童子以绳穿钱，在戏钓金蝉，寓意财源兴旺，吉祥美好。

网绣石榴纹圆角式钱荷包

民国　纵10.5、横12厘米

网绣石榴纹圆角式钱荷包，下摆造型为圆角式。网绣常与吉祥文字、琴棋书画或瓜果纹搭配出现。这件荷包为蓝地，正面绣以石榴纹样，寓意多子多福，也有团圆、和睦之意。石榴与桃子、佛手被称为中国三大吉祥果，如三种吉祥果组合出现，则有祝愿其多子、多寿、多福之意。

平绣动物纹直角式钱荷包

民国　纵11、横12厘米

平绣动物纹直角式钱荷包，荷包为黑地，绣以兔子、鹿、麒麟、蜘蛛、蟾蜍、蜈蚣等多种动物纹样，搭配葫芦、萝卜等植物纹样进行组合装饰。动物纹样作为较为常见的民间刺绣纹样，人们会根据动物不同的生态属性、生活习性，或用发音、谐音等方式来赋予纹样不同的含义，通常会与植物花卉纹样组合出现，以此表达美好的希冀与祝愿。

打籽绣直角式钱荷包

民国　纵11、横12厘米

打籽绣直角式钱荷包，下摆造型为直角式。正反两面都设有一荷包盖，荷包为蓝地，荷包盖及包身皆绣以博古纹样。『博古』有『通晓古事古物』之意，像鼎、尊、瓷器、玉器、书画等均可被作为博古纹样题材。此类纹样常以多件器物组合的形式出现，有博古通今、高洁清雅之意。

平绣『宫花捷报』『连中三元』纹钱荷包

清 纵12、横12厘米

平绣『宫花捷报』『连中三元』纹钱荷包，荷包正面绣『宫花捷报』纹，喻有幸福终身之意，此典故源自明代《彩楼记》：『吕蒙正高中状元，派人接其妻刘月娥进京，刘氏感慨万千，留诗壁上，与寒窑泣别，前往京都。』另一面绣『连中三元』纹样，期盼应试考生能够学业有成、如愿考取功名。此典故源自旧时的科举制度。人们常用荔枝、桂圆、核桃三种圆形果实组合成吉祥图案『连中三元』。

网绣花卉纹钱荷包

清　纵 11.5、横 13.5 厘米

网绣花卉纹钱荷包，此荷包为白地，其荷包盖上绣有网绣『卍』字纹，意为『吉祥万德之所集』，『卍』字纹在刺绣、织锦上常有应用，多以连续图案的形式展现，寓意永无止境、万福万寿绵长不断。荷包盖中部的莲花，则是象征着纯洁、吉祥的花卉。

白地戳纱绣『囍』字纹钱荷包

民国　纵11.5、横12.5厘米

白地戳纱绣『囍』字纹钱荷包，荷包为白地，纳纱绣『囍』字纹样，又称双喜纹，象征着双喜临门，有喜上加喜的寓意。此类刺绣纹样多用于婚礼嫁娶，以表喜庆、祝贺之意。

拉锁绣冰梅纹入角式钱荷包

清　纵11.5、横12厘米

拉锁绣冰梅纹入角式钱荷包，下摆造型为入角式。荷包为青地，荷包盖及包身皆绣以冰梅纹样，此纹样常应用于窗格、门窗等建筑装饰中。在刺绣中的应用则多见于荷包、扇套、眼镜盒等。梅花，因其盛开于岁末年初，寓有报春、迎福之意，又因其在冬天盛开，不畏严寒，亦寓有品质高洁之意。

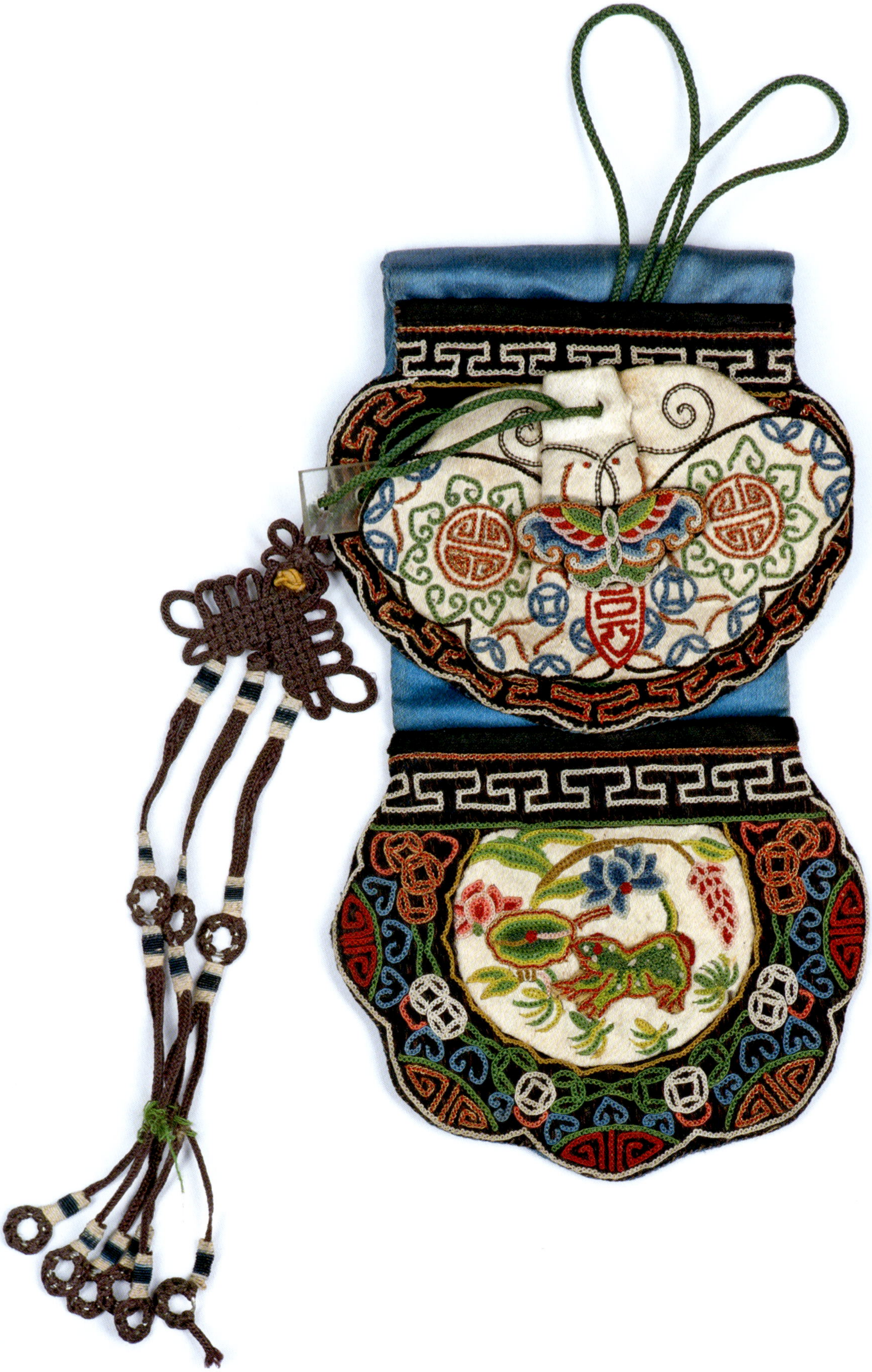

拉锁绣如意式褡裢荷包

清 纵16、横10厘米

拉锁绣如意式褡裢荷包，上部绣以蝴蝶纹饰，加绣『寿』『喜』二字。下部绣三足蟾、荷叶、莲花等纹样，荷包上部搭配以编结丝带，保存完好。

拉锁绣福寿瓜果纹褡裢荷包

清至民国　纵18、横8厘米

拉锁绣福寿瓜果纹褡裢荷包，上部分为黑地，绣以石榴与『福』字纹样，下部分为白地，绣以桃与『寿』字纹样，寓有祈求多子多福、长寿安康之意，此类吉祥纹样常出现在祝寿、庆贺等场合当中，以此表达健康长寿、福寿双全的美好祝愿。

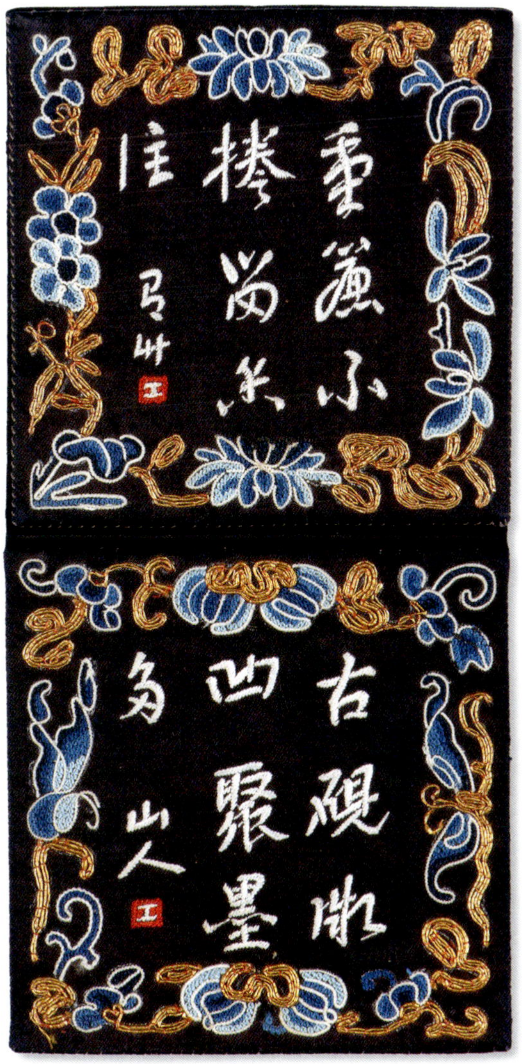

打籽绣诗文直角式褡裢荷包

清　纵18.5、横9厘米

打籽绣诗文直角式褡裢荷包，荷包口袋造型为直角式。装饰纹样由打籽绣和盘金绣两种绣法绣成，四周绣以花卉瓜果纹样，加以盘金绣缠枝纹样进行点缀，中部绣古诗文『重帘不卷留香住，古砚微凹聚墨多』。古诗文作为装饰纹样常出现在荷包刺绣中，既表达了创作者的期望与激励，又是一种自我约束。

平绣圆角式褡裢荷包

民国　纵16、横8.5厘米

平绣圆角式褡裢荷包，以蓝缎为地，上方绣以兰花纹样。古人认为兰花品性高洁，是君子的象征，常以兰花隐喻品德高尚之人，《楚辞》中也有『纫秋兰以为佩』的记载。此荷包采用平绣，刻画的兰花纹样叶态优美飘逸，给人以素雅、清俊之感。

纳纱绣『寿』字纹褡裢荷包

清 纵17、横8.5厘米

纳纱绣『寿』字纹褡裢荷包，整体采用纳纱工艺，绣面为满绣不露地，绣线颜色鲜明，整体针法规律匀整，结构致密牢固。中部绣以『寿』字纹样，『寿』字的四角向外飞扬形成长形『寿』字，有渴望健康长久之意。『寿』字上下两侧绣以『卍』字纹，左右两侧绣以柿蒂纹装饰，柿蒂纹的基本形式多为四角花，花瓣多为菱形或方形，因其形状近似柿蒂之形而得名，又取其木坚硬之意，在建筑纹样中寓意结实、坚固。而在服饰纹样中，因『柿』『事』谐音，因此柿蒂纹与如意组合出现，寓意事事如意、万事如意。

贴绫绣花卉纹褡裢荷包

民国　纵19、横9厘米

贴绫绣花卉纹褡裢荷包，荷包为红地，上方绣以三色兰花纹样。兰花，为花中四君子之一，生于幽谷之中，其形状纤细、叶态优美、清雅芬芳，自古以来，人们常把兰花视为高洁、典雅、坚贞不屈的象征，寓意淡泊高雅的精神。

平绣诗文直角式褡裢荷包

民国　纵19、横9厘米

平绣诗文直角式褡裢荷包，荷包为红地，绣诗文『只在此山中，云深不知处』，表达了对归隐山林的向往追求，对自由生活的美好愿景。该荷包绣法技艺精湛，绣制诗文书法笔势生动、流畅，是绣法与书法的完美结合，整体造型大气洒脱。

其他

拉锁绣鱼跃龙门名片夹

民国　纵16、横17厘米

拉锁绣鱼跃龙门名片夹，可折叠为两折使用，其中左侧为蓝地，绣以『人只重五伦，品当第一流』文字纹样，右侧为粉地，绣以鱼跃龙门纹样，寓意生活、学业、事业能够更上一层楼。

两折式平绣名片夹

民国　纵14.5、横16厘米

两折式平绣名片夹，可折叠为两折使用，内侧材质为素缎，左侧为深蓝地，绣蝶恋花纹样，既象征着春日明媚景色，又代表情意绵绵、至死不渝的忠贞爱情，表达了对美满爱情的向往。右侧绣以古诗文装饰纹样，整体配色协调，针法细腻。

两折式平绣花卉古诗纹名片夹

民国　纵 14、横 16.5 厘米

两折式平绣花卉古诗纹名片夹，可折叠为两折使用，左侧下方为粉地，绣以莲花纹样，右侧为蓝地，绣以诗文『芝兰君子性，松柏古人心』，以此来表达希望拥有芝兰与松柏一样的高雅品性与坚定的意志的美好愿望。

三折式平绣名片夹

民国 纵 15、横 24 厘米

三折式平绣名片夹，可折叠为三折使用，荷包为黑地，其中左侧绣以『人在蓬莱第一峰』文字纹样，中部绣以蝙蝠、铜钱纹样，蝙蝠纹样常被视为福气与长寿的象征；铜钱作为财富的象征，有着招财进宝之意。右侧绣以龙纹，象征着富贵与祥瑞。

纳纱绣眼镜套

清　纵15.5、横5厘米

纳纱绣眼镜套，此件盒体以硬木为胚，造型为椭圆形，盒体外两端分别系有绳带，以便随身携带。整体刺绣采用纳纱绣工艺，绣以『卍』字纹、蝙蝠纹，有万福之寓意。

拉锁绣蝉形香囊

清　纵10.5、横9厘米

拉锁绣蝉形香囊，囊身为蝉形，整体采用拉锁绣进行装饰。把蝉纹刻画在服饰作品中，象征着人们渴望高尚、纯洁的品德，祈求美好生活的寓意。

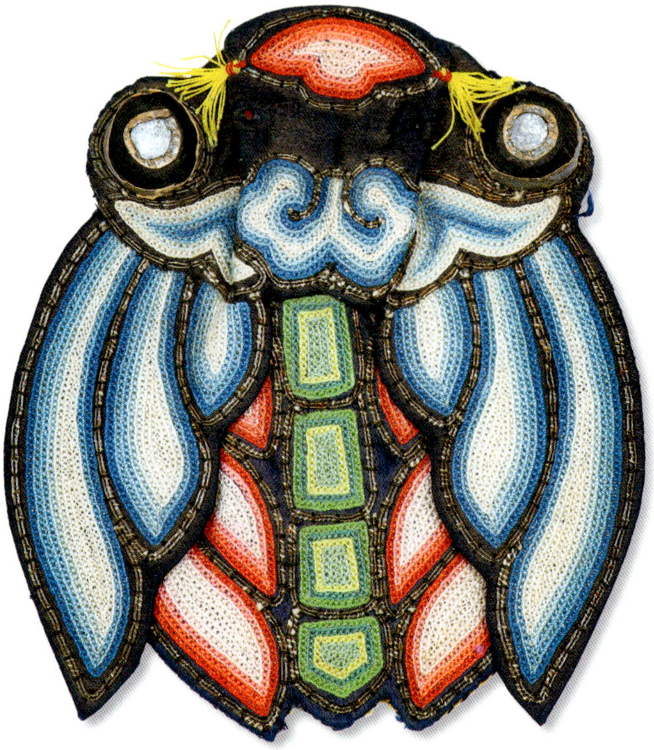

布艺荷花

民国　直径 15.5、高 7 厘米

布艺荷花，以多色彩缎制作，造型立体完整，以编结绦边固定细节，逼真且富有童趣。

拉锁绣暗八仙纹活计

民国　纵 22、横 6.5 厘米

拉索绣暗八仙纹活计，黑地，套盖绣蝙蝠、铜钱纹样，套身绣暗八仙纹。暗八仙为八仙各自使用的法器，包括渔鼓、宝剑、花篮、葫芦、紫金箫、扇子、荷花和笏板，八种法器则是源于八仙（张果老、吕洞宾、蓝采和、铁拐李、韩湘子、汉钟离、何仙姑、曹国舅）。『暗』有隐而不显之意，在民间，暗八仙纹具有祈福消灾，祈求平安如意、长寿吉祥之意，寄托了民间百姓对于美好生活的向往。

锦绣桑田 织绣研究专辑

布料

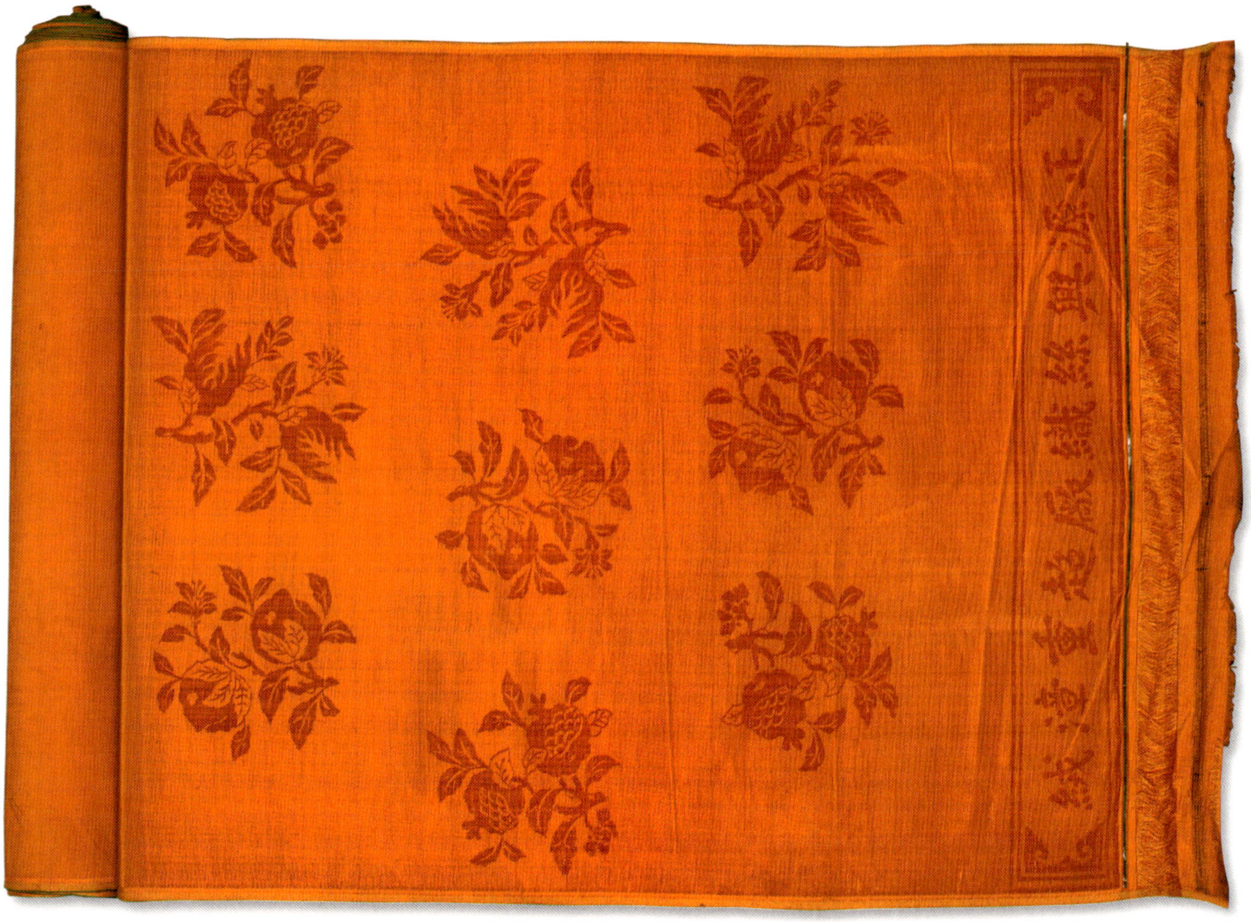

橙黄色三多纹漳绒料

民国 宽67厘米，1卷

漳绒技艺在明末清初时期传入江浙地区，与苏缎和提花织造技术相结合，形成了具有地方特色的漳缎。橙色三多图案漳绒，织物表面为三多纹饰，即石榴、佛手、寿桃三种图案，寓意多子、多福、多寿。底部有『正源兴丝织厂超重漳绒』底款，为正源兴丝织厂制作，该厂现更名为南京中兴源丝织厂。

正源興絲織廠超重漳絨

红缎织金团龙纹料

清　宽76厘米，1卷

红缎织金团龙纹料，红色缎地，以金线织造团状双龙戏珠纹饰。底款为『浙江杭州兼管盐政织造臣广泰』，为清嘉庆时期广泰监制。

湖绿缎暗八仙松鹤延年纹料

清　宽76.5厘米·1卷

湖绿缎暗八仙松鹤延年纹料，以暗花技法织造满幅暗八仙松鹤延年纹饰，寓意长寿健康。暗八仙，是指八仙使用的法器，在此件上即为汉钟离的扇子、铁拐李的葫芦、吕洞宾的宝剑、韩湘子的紫金箫、曹国舅的笏板、张果老的渔鼓、蓝采和的花篮和何仙姑的荷花。

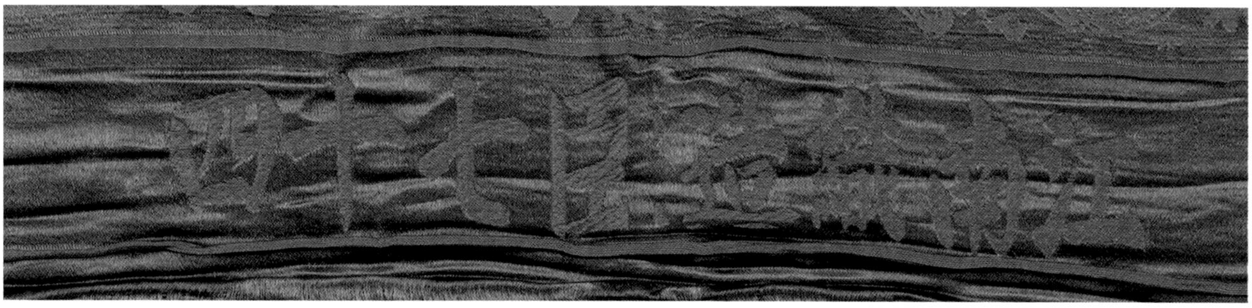

研究论文

纵横纤华

我国近代纺织业的发展与传承

赵　伟

锦绣中华，一锦一绣无不彰显我国纺织行业的悠久历史、显著成就与深刻的文化内涵。古老的丝绸之路上，丝绸作为东方具有代表性的货物，被源源不断地输送到了西方，成为贵族享用的奢侈品。本文通过重点阐述我国近现代纺织业的发展，同时与古代的纺织业发展历史相结合，使读者对我国纺织业的发展进程特别是近现代的进程有更为直观清晰的认识，在进一步坚定文化自信的基础上，对社会飞速发展、技术不断革新的当下如何做好纺织技艺的传承，如何推动新时代纺织业发展等问题有更为主动、深刻的思考。

一、历史悠久的中国古代纺织业

纺织是我国传统的民族工艺之一，其品类繁多，主要有刺绣、织锦、缂丝、抽纱、花边、绒绣、机绣、绣衣、绣鞋、珠绣、地毯和手工编结等。纵观我国古代纺织业发展，自新石器时代就已开始原始的织造生产，后来历朝历代，纺织技艺不断发展，佳作迭出。

（一）原始纺织业的出现

我国纺织业历史绵长。纺织与其他手工业一样，除拥有可使用的工具外，原料亦不可或缺。纺织用到的原料主要为植物纤维、动物纤维两大类。经过长期的生产、探索与实践，纤维原料从以采集天然植物为主向种植植物发展，以采集野蚕丝等动物纤维原料为主向饲养动物发展，从而实现纺织原材料的自给自足。其中，主要纤维原料包括葛、麻、毛、丝等。考古发现，早在原始社会时期我国就已有相关的纺织工具与原料出现。如在距今8000年左右的跨湖桥遗址，即出土了新石器时代最早的纺轮[①]，其后在许多其他遗址中也出土了大量的纺轮。在浙江余姚河姆渡新石器时代遗址出土了兼有开口和打纬作用的机刀2件[②]。这些都说明在新石器时代就已具备形成纺织业雏形的基础和条件。原料方面，原始人类以动物皮毛蔽体自不必多说，我国还是世界上最早使用葛纤维、麻纤维，最早养蚕、缫丝的国家。1972年在江苏草鞋山新石器时代遗址中出土了三块织物残片，经分析为葛纤维制成[③]。1985年在钱山漾遗址出土了一些苎麻织物残片，说明我国在新石器时代就已开始使用苎麻[④]。关于丝的使用，在河南安阳殷墟出土的甲骨文中即有“蚕”

和“桑”的象形字。1926年在山西夏县西阴村新石器时代遗址发现了半个经人工切开的茧。1959年在江苏吴江梅堰良渚文化遗址出土的黑陶，纹饰上带有“蚕纹”[⑤]。1958年在钱山漾遗址出土了一批丝织品[⑥]。实证我国很早就已开始养蚕并使用蚕丝。

（二）古代纺织业的发展

纺织原料的发展以及纺织工具的出现与革新，逐步推动古代纺织业发展，促进纺织工艺不断提高。1958年钱山漾遗址出土的丝织品，表明我国至迟于新石器时代即有纺织品的织造。战国时期纺织工艺就已达到很高水平，以丝织品为例，长沙子弹库战国楚墓出土的《人物御龙图》帛画，陈家大山战国楚墓出土的《人物龙凤图》帛画，就当时而言已彰显出极高的技艺。还出土了许多具有代表性的汉代丝织品，如马王堆汉墓出土的“T”形帛画、素纱禅衣，新疆尼雅遗址出土的“五星出东方利中国”织锦护膊等。2022年湖南博物院专家经研究发现，在马王堆三号墓出土的菱纹绮里织入的“安乐如意，长寿无极”吉祥语句，是目前已出土丝织品中最早的成句文字，年代比尼雅遗址出土的织锦护膊还要早很多。魏晋南北朝时期，纺织业高度发展，特别是马钧对织绫机的改造，大大提高了纺织品生产效率。唐代的民间纺织生产几乎遍及所辖各地，且产量大。以织锦最为著名，被称为“唐锦”，特点是用纬线起花，用二层或三层经线夹纬的织法，区别于唐代以前运用经线起花的传统织法。根据起花特点，称汉锦为“经锦”，称唐锦为“纬锦”。宋代纺织品采用的纹饰、色调等，在唐代基础上又有新的发展。宋锦除用于服饰外，还常作为装裱书画的材料为书画家所使用，这种方式与宋代的风雅气质十分吻合。元代的丝织、毛织、棉织均得到一定发展。特别是棉花，在元代种植发展迅速，成为纺织业的主要原料。明清纺织品在承继传统的同时有了更大的发展。仍以丝织品为例，如刺绣，除宫廷御用为一贯精品外，民间各地也出现各种名绣，展现出超高技艺，其中颇具代表性的品种被称为中国“四大名绣”，即苏绣、蜀绣、湘绣和粤绣。其中又以在明代顾绣基础上发展而来的苏绣最负盛名。

（三）织物组织结构

我国古代织物按织造工艺可分为编织物与机织物两类，编织物即以手工编织而成，机织物则是将纱线在织机上按一定的规律经纬相互浮沉交织而成。以不同规律织造出的织物具有不同的组织结构，外在体现为不同的效果，表现出不同的风格。织物组织结构的基础包括平纹组织、斜纹组织、缎纹组织三种，称为三原组织或原组织。在此基础上，通过改变相应参数但仍保留三原组织基本规律特征的为变化组织，以联合的方式将两种或两种以上的三原组织或变化组织组合在一起的为联合组织。此外，还有重组织、双重组织等。古代织物中常见到的有绞纱组织、起绒组织。

1. 平纹组织

平纹组织是所有组织结构中最简单、最基本的一种形式，由经线纬线一上一下交织而成。一根经线和一根纬线交织成一个交织点，两根经线和两根纬线交织成一个“井”字面，构成一个基本循环，多次循环后即织成一件平纹组织的织物。由于经线纬线浮沉交织比例相同，每隔一根交织一次，且经线纬线交织次数在所有组织中最多。因此，平纹组织的特点是结构紧凑，结实牢固，表面光泽感较弱，正反两面效果相同。古代织物中的帛、绮、绢、縴丝等都属于平纹组织织物，只是由于所用纱线不同以及加工方法不同，所以形成了不同表现风格的织品。

2. 斜纹组织

斜纹组织从平纹组织发展而来，它的织物经纬线上下连续交织且交织点连续排列，在表面呈现出斜向纹路。根据不同斜向，分为左向斜纹和右向斜纹。交织点斜向纹路角度等于 45° 的为正则斜纹，大于 45° 的为急斜纹，小于 45° 的为缓斜纹。由于斜纹组织经纬线交织次数介于平纹组织与缎纹组织之间，浮长长度[7]同样介于平纹组织与缎纹组织之间，故斜纹组织的强力与光泽度均介于平纹组织与缎纹组织之间。斜向纹路使得织物具有较强的立体感。具有斜纹组织的锦，明代之前的绫、宫绸等为古代织物中常见的斜纹组织织物。

3. 缎纹组织

某种程度上说，缎纹组织可以看作在斜纹组织基础上发展形成的织物组织。它的经纬线浮沉交织不连续，最少每隔 5 根交织一次，交织点不连贯。由于这一特点，缎纹组织浮长长度比其他组织长，因此织物强力较弱，光泽度较强，手感光滑。同时，经纬线不连贯交织的组织特点，可以使不同颜色的纱线按照图案纹样织入织物，在织物表面呈现出效果明显的花纹图样。妆花即为其中一类织物。其他织物还包括素缎、锦缎等。

4. 绞纱组织

绞纱组织是指地经与绞经相互扭绞后作为经线再与纬线交织而成的织物，具有纱孔效应。古代织物中除了方空纱[8]之外的罗与纱均为绞纱组织。明清时期的罗织物较多，包括素罗、暗花罗、织金罗等。

5. 起绒组织

起绒组织是用特殊工艺加工制作而成的，即用绒圈织造织物的花纹或地子，用起绒组织织造织物表面，使部分表面呈现出毛圈或毛绒的形式。常见的起绒组织织物包括漳绒、漳缎等。

二、工业革命背景下的中国近代纺织业发展历程

清末民国时期，中国纺织业在工业革命、自身发展需求等因素影响下，做着或主动或被动的改革与调整；同时，受到西方国家侵略、两次世界大战冲击，纺织业发展之路注定不会平坦顺利。总的来看，中国近代纺织业在曲折中完成了由手工业向机械化的转变，实现了质的发展与快速演变。这一时期，中国的民族资本在推动纺织业发展中发挥着重要作用，但由于自身的局限性，最终被更为先进的所有制所取代。

（一）我国近代纺织业受工业革命影响进行转变的现实背景

工业革命的到来，推动纺织业实现由手工业向机械化的转变，大大提高了纺织效率。如 1733 年约翰 · 凯发明的“飞梭”，被视为一项非常重要的发明，拉开工业革命的序幕。1764 年，詹姆斯 · 哈格里夫斯发明“珍妮机”，促使大规模的织布厂得以建立。随后，水力织布机、卷轴纺纱机、走锭精纺机等机器的发明，不断推动着纺织业的发展。直到蒸汽机运用于纺织业后，西方的纺织业基本完成了由工场手工业到以蒸汽机为动力的机器大工业的转变。

这一时期的我国，一面仍处于封建社会时期，一面正值清朝由盛转衰的折点，尽管手工纺织业达到了较高水平，但是动力方面未有发展。到 1840 年前后，这一问题仍没有解决好。织造方面，

未发明纹板、横针，无法取代线编花本；没有发明纹链和转子取代多蹑，限制了动力问题的解决。纺纱方面，纺车上没有构造牵伸机构，难以实现多锭化。在这种情况下，19 世纪下半叶，我国织布普遍使用的是脚踏手投梭织机，纺纱普遍使用的是手摇单锭纺车，纺织生产效率无法与欧洲动力机器相比。随着西方工业纺织品如机器纺织品的洋布、洋纱的大量输入，西方纺织业技术与设备的传入，及纺织品市场对近代纺织工业、机器纺织品生产的带动，我国近代纺织业在被动中进行发展。其主要由民族资本带动，且是民族资本进入最多的行业，并在外国资本与官僚资本的影响下，在夹缝中发展。

（二）洋务运动促进纺织业工业化起步

晚清洋务派出于挽救清朝统治的目的，开展了以大规模引进西方科学技术、兴办军事和民用企业等为主的洋务运动。为纺织技术、纺织装备的引入以及纺织企业的建立提供了机会。这一时期，我国纺织工业主要以官办或官督商办的形式创建，诞生了第一家机器棉纺织工厂——上海机器织布局。经历第一次鸦片战争后，伴随着通商口岸的增多，作为日用所需且价格低廉的洋布大量涌入我国市场。为抵御洋布市场扩张，李鸿章积极筹划购置机器自行织布。1876 年，李鸿章派遣魏纶先前往上海筹措资金，后以失败告终。两年后的 1878 年，彭汝琮向李鸿章建议在上海设立机器织布局，并提交了较为完备的设立计划。李鸿章对建议表示认可，派其与郑观应前往上海具体推动设立事宜。1880 年，以郑观应为主的众人拟定了《上海机器织布局招商集股章程》。其间虽几经波折，终在 1889 年正式开工试产。由于上海机器织布局筹集的股银中有部分民间资本，因此该企业具有一定的商办性质。该局的筹建开工不仅是中国纺织业史上的大事件，也使上海成为中国纺织工业的发祥地。同一时期在上海创办的还有 1891 年开工的官商合办的华新纺织新局，1894 年开工的官督商办、官股为主的华盛纺织总厂以及 1894 年成立的中国近代第一家民办纺织厂裕源纱厂等。

值得一提的还有由陈启沅在家乡广东南海创办的继昌隆缫丝厂，是近代第一家由中国人投资的使用机器动力的缫丝厂，可视为中国民族纺织业的萌芽。1866 年前后，华侨陈启沅引入国外的机器缫丝新理念，仿效法式自行研制蒸汽缫丝机，创办缫丝厂[⑨]。该厂的建立，使中国缫丝业从手工式作坊走向机械化生产、规模化管理、系统化经营的企业模式，掀开了近代纺织业发展的新篇章。而以清朝官营手工织业为代表的“江南三织造”[⑩]则步入衰落，随着清朝的最终灭亡而宣告终结。

1895 年以后的短短几年内出现了众多纱厂，如 1895 年由杨宗濂、杨宗翰创办的无锡业勤纱厂，1896 年由严信厚创办的宁波通久源纱厂，1897 年由庞元济创办的杭州通益公纱厂等，中国纺织业有了进一步的发展。这一阶段，受棉纱进口量及战争等因素影响，中国纺织业在初步发展的同时其趋势也略有起伏。

在 1905 年发起的抵制美货运动中，包括洋布业在内的各大行业决定不进美货、不卖美货，使得占洋布进口较大比例的美国棉布受到很大影响，从而进一步掀起民族资本投资创办纱厂的热潮。这一阶段，民族纺织业也逐渐形成了较为完整的行业结构，涵盖了棉纺织业、丝纺织业、毛纺织业、针织业、染织业及简单的机器制造业、修理业等。

（三）民族觉醒有力推动近代纺织业快速发展

经历第一次世界大战以及五四运动，中华民族第一次全面觉醒，洋纱洋布进口大幅减少，民族资本纺织业加速扩张。虽受国内军阀混战以及全球大萧条等影响，在此时期发展速度有所放缓，但该时期结束后，国内纺织业又迎来新的复苏。因此，这一阶段总体而言是国内纺织业快速发展的阶段，无论贸易、资本还是组织管理均有相当程度的发展。

组织管理方面，西周晚期形成舆服制度，对礼制与服饰的等级制度形成明确的规定，成为各朝代服饰制度的源头。封建社会结束后，承继政权的北洋政府设有农商部负责发展棉纺织业。第一任总长张謇提出了“棉铁主义”主张，以实业救国。该主张是张謇1910年在南洋的劝业研究会成立仪式致开幕词时首次提出的，指出棉铁要工业化。1911年，张謇在《海关进出口货价比较表序》中说道：“宣统二年，南洋劝业会开幕，謇于各行省到会诸君子，发起联合研究会，乃哀光绪一朝之海关贸易，参考其大略，如寐始觉，如割始痛；如行深山，临悬崖，榛莽四出，披而始识无路；如泛雾海，见一岛屿，若隐若现，而始得所趋。则以我国实业，当从至柔至刚之两物质，为应共同注意发挥之事，为预会诸君子告。……至柔惟棉，至刚惟铁。”⑪1913年，张謇在《实业政见宣言书》中说道：“謇对于实业上抱持一种主义，谓为棉铁主义。……为捍卫图存之计，若推广植棉地、纺织厂是；又唯有开发极大之富源，以驰逐于世界之市场，若开放铁矿、扩张制铁厂是。”⑫第一次明确提出“棉铁主义”。在棉纺物和钢铁为当时进口货物最多之际提出这一主义，其意义在于从实业角度出发，解决对外贸易逆差，切实发展民族产业，挽救民族于危难。“棉铁主义”从政策、战略上为棉纺织业的快速发展奠定了基础。1919年1月北洋政府设立整理棉业局，从政府管理角度加大对纺织业发展的推动。

行业组织方面，华商纱厂联合会是最早的民族棉纺织工业行业团体。作为当时国内大、中型纱厂主，祝兰舫、荣宗敬、刘澍生三人向国内棉纺织厂致信，希望成立华商纱厂联合会来推动行业共同发展。这也是“华商纱厂联合会”名称首次见诸书面。1917年3月首次召开会议，公选出临时议长并筹备相关事宜。此后经多次会议商讨研究，最终于1918年3月举行正式选举，张謇任会长，联合会正式成立。组建机制，建立制度，在政治、经济、社会中发挥行业组织职能，在政府与行业间搭起沟通与交流的桥梁。主要表现在经济上的职能，对内通过制定章程与行业规则规范经营秩序，通过解决同行业间矛盾形成共同对抗国外的力量；对外通过成立纱布交易所、联合保险公司等举措维护会员利益，通过协调与其他行业之间的关系更好地推动本行业发展。

（四）抗日战争全面爆发对近代纺织业产生巨大冲击

受抗日战争全面爆发影响，民族纺织业受到极大冲击。之前纺织工厂较为集中的上海、浙江、江苏等沿海地区被日本侵略军占领，日本开始对国民政府实施经济封锁、物资统制，国内少数纺织工厂内迁，纺织业发展进入到总体缓慢阶段。

这一时期，由于棉布作为军需物资的重要组成，迁都重庆后的国民政府对棉纺织业开始实施全面统制，通过农本局、平价购销处、物资局等机构具体推动政策落地。半官方性质的农本局，早在1936年9月作为实业部下设机构正式成立，主要职能是收购棉花、棉纱、花纱布，对市场价格进行调控。农本局虽在行政上隶属于实业部，但在政策实施上主要通过其理事会作出决定，推动具体工作。1939年底，国民政府在经济部下设立平价购销处，以应对物资统制带来的物价上升，加强对棉纺织业的管理。1941 年太平洋战争爆发后，日本进一步加强经济封锁，导致物价暴涨。为应对这一形势，国民政府于 1942 年 2 月在经济部下成立物资局，对棉纺织业等市场进行全面管理。尽管国民政府采取了一系列的举措来稳定纺织业，但由于政府与资本家之间存在矛盾，加之国民政府内部派系斗争导致机构间的矛盾，以及自身腐败等因素，措施收效有限。抗战胜利后，国民政府在处置敌产时与资本家之间的矛盾加剧，进一步失去支持与协助，加之国内战争影响，绝大多数纺织厂都在静待战争结束迎接新中国的成立。

总体而言，这一阶段纺织业由于受战争影响而遭受极大打击。纺织核心区沦陷后，日本或直接进行掠夺，或以“中日合资”形式变相掠夺，致使工厂数量下降，产量下降，纺织业总体发展速度缓慢。

三、纺织业飞速发展的今天如何做好传承与发展

中华人民共和国成立后，中国纺织业在生产规模、织造技术、发展速度等各方面均得到快速而持续的发展，虽也曾有过一些曲折的历程，但总体而言到目前已发展成为基础雄厚、市场成熟、布局合理、技术领先的行业。新时代做好纺织业的传承与发展，需从继承与创新两方面着手，即一方面要守护好传统技艺特别是民间手工技艺，保护好先人留下的宝贵织物；另一方面要大力推动技术创新、设计创新，建设引领世界的纺织行业强国。

（一）充分保护纺织品民间技艺传承，提供长远的生存空间和发展空间

纺织品民间技艺主要是指有关纺织的非物质文化遗产代表性项目，是传统技艺类别中的一个分支。当前，尽管我国纺织工业飞速发展，机械化大大提高了生产效率，但目前仍保留着一些传统的纺织手工技艺，如具有代表性的缂丝、云锦等织造技艺，以及少数民族长期独有的并保留至今的如土家族织锦技艺等，具有极高的历史价值与文化价值。现在国内外奢侈品多为手工制作，是因为一方面手工制作耗时长，制作精细，另一方面手工制作多为传统技艺，是贵族生活的象征，也是独特性、唯一性的象征。传统手工技艺织造出的织物无疑是纺织品中的奢侈品，我们应像珍惜奢侈品一样珍惜纺织品民间技艺，持续加大保护力度，让这些传统技艺传承发扬下去。

经统计，目前我国入选联合国教科文组织非物质文化遗产名录（名册）项目中，关于纺织技艺的有 3 项，包括急需保护的非物质文化遗产名录 1 项，为黎族传统纺染纺织技艺，人类非物质文化遗产代表作名录 2 项，为南京云锦织造技艺和中国蚕桑丝织技艺[13]。其中，黎族传统纺染纺织技艺 2009 年列入，是海南省黎族妇女创造的一种纺织技艺，集纺、染、织、绣于一体，用棉线、麻线和其他纤维等材料做衣服和其他日常用品。黎族妇女自小从母亲那里学习纺织技艺，母亲们通过口传心授，传授技能。纺织图案则是由黎族妇女仅凭自己丰富的想象力和对传统样式的理解而设计，在没有书面语言的情况下，图案成为黎族历史、文化传奇、宗教仪式、禁忌、信仰、传统和民俗的记录者。同时，图案还对海南岛五大方言进行了区分。黎锦作为黎族文化的载体，其传统纺织技艺是黎族文化遗产中必不可少的一部分。然而，近几十年来，掌握织、绣技艺的妇女人数急剧减少，黎锦的传统纺织技艺正濒临灭绝，亟须给予保护。

掌握传统技艺的人数减少是各类技艺传承发展面临的共性问题，往往导致技艺失传、作品消失。

其原因是多方面的，最主要还是因为传承环境和资源不足，传承人随着时间流逝及年龄增长而逐渐减少，有传承意愿的人同样减少，从而使得懂技艺、能守护的人不断减少。解决对策是要积极营造良好的、长远的发展环境，特别是想办法解决传承人的生存问题，在经济快速发展的今天，让传承人心无旁骛地从事非遗事业，让更多人愿意走进非遗事业，让纺织品民间技艺得到传承发展。

（二）不断推进纺织品新材料研发与创新，加大修复保护力度，助推产业品质提升

2024 年政府工作报告提出，要大力推进现代化产业体系建设，加快发展新质生产力。不少专家热议这一提法，有专家认为新质生产力诞生于新一轮科技革命和产业变革浪潮之中；有专家指出，发展新质生产力，必须把科技创新摆在最为突出的位置；有专家建议，要深化科技创新体制机制改革，激发创新活力。通过种种讨论可以看出，发展新质生产力就是要依托科技、变革进行创新。纺织产业发展亦是如此，继承传统的同时要不断开拓创新，在纺织材料、修复技术等方面进行革新、突破，提升产业品质。

纺织材料，包括纺织加工使用的纤维原料以及使用纤维原料加工而成的产品，是纺织业的基础和根本，其材质特性与优劣，直接影响着大众的使用感觉及社会发展需要。如服装穿着起来是否既舒适又流行，家居纺织品使用起来是否既满足便利要求又满足健康要求，废弃的纺织品处理起来是否既环保又可再持续利用等等，都与纺织材料有直接关系，进而影响该纺织成品的产业链发展。纺织材料的研发与创新，涉及化学和物理领域内不同方面的知识。如供纺织加工使用的纤维，其原料品种具有不同的物理和化学性质，在不同的使用环境中表现出独特的性质。平时穿着纯棉面料的衣物感觉亲肤舒适，运动时就需要吸汗、透气材质的衣物。使用环境及要求的改变，需要人们对纤维原料的化学性质、分子结构、分子间作用力等进行研究和运用。经过化学处理和机械加工再生制成的人造纤维的使用，更需要交叉运用到化学和物理知识。就物理学科而言，纺织材料的基本力学性质，拉伸、压缩、表面摩擦等；热学性质，导热、阻燃、热变形性等；电磁学性能，导电、防静电、防电磁辐射等；光学性质，反射、折射、衍射等，均是可研发与创新的专项点。我们要通过加大对纺织材料的物理学研究与化学研究，充分运用学科知识，创新方法，研制更加符合使用满意度的纺织成品，进一步提高大众生活质量。

保护与修复技术的创新，主要运用于对古代织物的保护。我国有着悠久的纺织品发展历史，正因为此，古代织物的出土更显其珍贵。由于织物的材料多为蛋白质纤维织物，存在腐烂、霉变、脆化等问题，出土时易风化不易保存，对保护与修复都提出严峻的考验。如何让出土的织物以原貌充分展现历史价值与艺术价值，让我们真实了解当时历史时期的状况，了解当时织物的工艺水平及价值所在，检验的正是织物的保护与修复技术。同时，要在政策制度等多方面对织物的保护与修复予以支持，不断加大力度，从而加强对织物特别是出土织物的保护。

（三）积极鼓励款式设计，迎合社会审美，引领时尚潮流

从流行趋势看，当前，对传统服饰的追捧正在时尚界占据着重要位置。这也是古代服饰在当代美学的体现，以及人们对潮流的理解、追求与认识。以 2024 年清明节主题活动为例，北京市丰台区第四届“百花仙乡，汉服名园”北京花朝汉服节，海淀区“爱尚海淀”国风文化日系列活

动汇聚汉服巡游，怀柔区“忆满京城　情思华夏”主题文化活动设置汉服体验打卡等内容，无一例外展现着传统服饰的文化与魅力。再比如，广东连续多年举办广绣创意大赛，四川多个地方举办蜀绣技能大赛，苏州举办“锦绣江南”中国（苏州）丝绸服装服饰设计大赛，长沙举办“新湘绣”创新创意大赛，各类时装大赛、非遗大赛将流行与时尚推向一个又一个高潮。我们应借助这股潮流与趋势之风，鼓励设计，鼓励创新。一方面让大众充分感受我国传统美学，在此之中享受时尚，穿出流行范；更重要的是弘扬我国优秀文化，传承非遗文化，走向世界，让更多人了解并爱上我国传统文化，让我国文化成为世界文化最重要的组成之一。

2023 年 6 月，习近平总书记在文化传承发展座谈会上的重要讲话对“两个结合”特别是“第二个结合”进行了详细具体的阐述。讲话指出，中华优秀传统文化“显示出日益鲜明的中国风格与中国气派”，要通过坚定文化自信、秉持开放包容、坚持守正创新来担负起新时代新的文化使命，推动文化繁荣、建设文化强国。纺织品制作技术特别是蕴含其中的非遗技艺，是我国优秀传统文化的重要组成与展现，我们要在广阔的发展空间中做好传承与创新，为新时代中国特色社会主义文化发展作出应有贡献。

（作者单位：北京市文物交流中心）

① 蔡克中：《先秦工具发展研究》，南京艺术学院博士学位论文，2022 年，第 114 页。
② 张实：《先秦时期的纺织》，东华大学硕士学位论文，2006 年，第 19 页。
③ 张实：《先秦时期的纺织》，东华大学硕士学位论文，2006 年，第 7 页。
④ 张实：《先秦时期的纺织》，东华大学硕士学位论文，2006 年，第 8 页。
⑤ 张实：《先秦时期的纺织》，东华大学硕士学位论文，2006 年，第 13 页。
⑥ 张实：《先秦时期的纺织》，东华大学硕士学位论文，2006 年，第 13 页。
⑦ 浮长长度：经纬线浮沉交织时浮于织物表面或背面，未被压住的纱线。
⑧ 方空纱：顾名思义，即经纬线皆不扭绞的平纹组织织物，经线与纬线间不打紧，在表面呈现出方形镂空的空隙，也叫方孔纱或方目纱。
⑨ 刘皓冰：《继昌隆缫丝厂建厂时间考》，《文教资料》2021 年第 18 期。
⑩ 江南三织造：清政府在明朝旧有的南京、苏州、杭州织造局基础上，分别于顺治二年（1645 年）、顺治四年（1647 年）恢复重建的江宁织造与苏州织造、杭州织造的合称，专办宫廷御用和官用各类纺织品。清代所见有织款的织物，如某地织造臣某某的款识，多出自江南三织造。道光时期为避讳道光帝旻宁中的“宁”字，改名“江宁织造“为“江南织造”。光绪三十年（1904 年），清政府以物力艰难为由，裁撤了江南织造局。苏州织造局、杭州织造局则随着清朝覆灭而消亡。
⑪ 曹从坡等：《张謇全集 · 实业》，南京：江苏古籍出版社，1994 年，第 784～785 页。
⑫ 曹从坡等：《张謇全集 · 政治》，南京：江苏古籍出版社，1994 年，第 274 页。
⑫ 资料来源：中国非物质文化遗产网 · 中国非物质文化遗产数字博物馆。

霓为衣兮

晚清至民国服饰体系的嬗递

赵芮禾

一、丰富多彩的清末服饰

清朝作为由来自东北的少数民族建立的王朝，长期以来，它因其特殊的民族服装制度与服饰特征等问题受到史学界的关注。清代的“剃发易服”政策，从国家的标准上统一了男性服饰，废除了汉民族传统服装。满族统治者在设计其服饰制度时，以其本民族服饰特征为主体，将汉民族服饰中包含的礼制思想融入其中[①]，形成了“取其纹而去其式”的独特服装样式。然而，与清中期等级制度森严的状况不同，晚清以来从宫廷至民间，清代服饰整体进入了奢靡的转型期。

清代的宫廷服饰经历了从清早期到清中晚期的变化，此变化以乾隆年间修订服饰礼仪制度为重要节点。清代宫廷服饰主要以满族特色的长袍为主，兼具褂、马甲、套裤等组合搭配。袍服类服饰的应用与满族先民长期以来的渔猎生活有着密切的关系。为了适应骑射的需要，满族男性的袍服长度大多至小腿，下身会搭配套裤与长靴，下摆多有开衩，方便跨腿骑马，而上身的衣服放量相较汉族袍服也更为修身，袖口与领口的设计都非常贴合身体，以御寒保暖、方便劳作为目的。清中前期满族女性的袍服与男性袍服样式大体一致，中晚期后统治阶级日趋腐朽，并受到汉族宽袍大袖的审美影响，逐渐形成了富丽堂皇的晚清女装样式。清代汉族女性的服饰受到“男从女不从”的政策影响，形成了不同于满族女性的服装体系，故而汉女沿袭明制，仍以分身式袄裙为主。

其中帝后服饰包括朝服（礼服）、吉服、常服、行服、便服等多种不同场合穿着的服饰。诸多服饰之中仅朝服拥有完整的下裳部分，其他种类的服饰大多仅以长款上下身相连的袍服为主体服装。其中贵族男性朝服袍、吉服袍、常服袍、行服袍袖口皆有满族服饰特有的马蹄袖（图 1、图 2）。贵族女性的朝服袍、吉服袍等礼制服饰一直以来并未有过多逾制，但便服的发展在中晚清以后，开始逐渐华丽，形成了以衬衣和氅衣组成的主要品类，咸丰以后，便服的绲镶等装饰逐渐加多，不论是满族还是汉族的女装加绲之风日盛。

清末民间流行的服装样式，男子装束主要以长袍、长衫、马甲、袄、裤等组成，其中以长袍或长衫外穿着外罩马甲最为流行，也就是我们熟知的“长袍马褂”[②]。女性服饰在满汉两套服装体系的发展下，形成了较为自由的文化交融空间，其中既有多种多样的衫袄、褶裙、马面裙，也有各式袍褂、马甲。在民间的交往中，产生了样式极为丰富的服装配饰，例如云肩、肚兜、荷包

图 1　康熙帝常服写字像轴（故宫博物院藏）

图 2　乾隆帝吉服写字像轴（故宫博物院藏）

等诸多独特服饰品类。随着 1911 年辛亥革命的爆发，中国历史上最后一个封建王朝落下了帷幕，但是晚清服装的演变却并没有戛然而止，民国初期民间依然保持着旗装的流行，随着西方思想的不断涌入，新的社会风尚也逐渐形成，民国年间出现的旗袍、中山装等逐渐成了时尚的主流，服装开始走向全面的平民化、现代化[③]。

通过对北京市文物交流中心（以下简称“中心”）藏晚清至民国服饰类藏品进行分类解读，本文拟分男装袍服、满汉女装与配饰三节，探讨这一时期服饰类别的多样性与服饰体系嬗递的过程。

二、从中心旧藏服饰看满汉相融的服饰体系

（一）男性袍服的礼制与等级

清代男装袍服受到满族传统服饰影响，形成了具有时代特征的服饰风格。其中，贵族宫廷男性袍服更是将此类风格具体化、礼仪化，按照不同的使用场合可以划分为皇室与相关官员的朝袍、皇室的吉服袍（龙袍）以及皇室宫廷人员的常服袍、行服袍与便服袍等。中心旧藏有多件清代贵族男性袍服，其中以材质多样的吉服袍为主，未见民间男装，中心藏袍服圆领直身，饰以龙纹，故民间俗称其“龙袍”（图 3 ~ 图 6）。

朝服袍分为冬夏两季，皇室成员的朝服袍基本款式皆为上衣下裳相连的长袍、马蹄袖与披领，不同等级、不同场合朝服袍的颜色各有不同，前身后背大多装饰以云龙纹。普通官员与宫廷侍从

图 3　蓝色织锦云蝠龙纹龙袍

图 4　石青色缂金云龙纹龙袍

图 5　明黄色缎绣彩云金龙纹龙袍

图 6　蓝色缎缂丝五彩八宝金龙纹龙袍

公服袍颜色以石青色为主。吉服袍的等级低于朝服袍，多被俗称为“龙袍”或“蟒袍”，此类带有龙纹或蟒纹的袍服是皇室特定人群特殊吉庆嘉礼时所穿的礼服，与朝服袍不同，吉服袍没有冬夏之分，只有单、夹、棉等材质之分[4]。吉服袍的颜色纹样装饰拥有较丰富的选择空间，吉服袍的下摆开裾亦可体现所属等级与性别，如男吉服袍，凡宗室及其以上皆为前后左右四开裾，宗室以下为前后两开裾；而皇帝吉服袍下摆为前后左右四开裾，皇后、皇太后等后宫女眷所穿的吉服袍便皆只有左右两开裾。

除了以礼服形式存在的朝服与吉服外，常见的男性袍服还有常服袍、行服袍与便服袍，此三类袍服不像礼服那样穿着于特殊场合，因此纹饰上较素雅，多以暗纹料出现。形制上皆以圆领斜襟长袍为主，常服袍与行服袍的袖口为马蹄袖，仅便服袍的袖口为平袖。其中，常服袍是由礼服向便服过渡场合中使用的较为中性的袍服，便服袍是男性袍服中最为日常的服装，礼制中对于便服袍的约束也是最为松散的。行服袍的使用便于满族统治者的传统生活方式，贵族男性们外出征战、狩猎、出行等便会选择行服袍，因行服袍右下摆可向上折叠，便于上下马匹。

清代宫廷袍服的等级主要通过颜色与纹样进行区分，例如公侯以下蟒纹圆补黄色、紫色、秋色等颜色非皇帝赏赐者不许穿；龙纹、蟒纹等团补普通官民都是不许穿用的。规定若有僭越使用违禁纹饰者，官员各杖一百，徒三年；工匠杖一百，违禁物入官；货卖者杖一百，机户亦同[⑤]。

与宫廷男性服装的严格等级规范相似，普通官员的公服也体现出极为显著的等级观念。清代的官服延续了明代的补服制度，并加以发展，不同级别官员的公服有着明显的差别。中心藏有多件清代文武官员的方形补，以缂丝、钉金等复杂工艺制作，体现着清代高超的纺织工艺技法与较为全面的官服制度。

清代补服中的补子以文禽武兽来区分文武官员，补子是一种官员品级的徽识，独立于服装本身，缝缀于官服的前胸后背。因为明代的官服以圆领袍或交领袍为主，因此明代的补子前后都是完整的。而清代的官服外褂大多是对襟，因此清代的补子前胸会被裁剪成纵向的两块，后背则是完整的。清代官制文武皆设置九品十八级，即每一品中分“正”“从”。不同等级的官员补服对应不同的动物，文官：一品仙鹤，二品锦鸡，三品孔雀，四品云雁，五品白鹇，六品鹭鸶，七品鸂鶒，八品鹌鹑，九品练雀（未入流官同）。武官：一品麒麟，二品狮，三品豹，四品虎，五品熊，六品彪，七品兕，八品犀牛，九品海马。清代设立了一系列关于官员补服穿着的细则，并搭配有不同等级的官帽顶戴等，如有违反亦有相应的处罚条例。中心藏清代官员补子非常精美，皆使用缂丝、钉金、打籽等复杂工艺制作（图 7 ~ 图 13）。

图 7　文官三品缂丝孔雀补子

图 8　文官五品缂丝白鹇补子

图 9　文官六品缂丝鹭鸶补子

图 10　文官八品缂丝鹌鹑补子

图 11　文官四品钉金绣云雁补子

图 12　文官九品钉金打籽绣练雀补子

图 13　武官一品缂丝麒麟补子

（二）满汉女装的交融与互鉴

清代女装的发展与男装有着截然不同的道路，清代女装同时受到了满汉两种文化的影响，形成了满汉各异却又互相交融的一种独具特色的女性服饰文化[⑥]。随着社会经济与文化的发展，满族女性的服装从刚入关时近似于男性袍服的朴素，到清中期以后整体审美情趣的提升，再到晚清愈发奢靡的宽袍大袖，有着清晰的脉络。汉族女装便沿袭了宋明以来上衣下裳的传统制式，上身着衫袄，下身束裙，从流传的清代画作中可以发现，汉族女装在清初展现出浓郁明代风格，到晚清时使用与旗装相似的繁复装饰。也可以发现清代满汉两族女装中文化交融的现象极其明显，双方的审美都在积极地影响着对方，这些影响不限于图案纹样、造型款式、流行风格等[⑦]。中心旧藏清末满汉女装亦有此明显风貌，然藏品中较少见高等级宫廷女装，皆以常服、便服为主，且以民国时期袄裙更为丰富。

满汉女性的等级服饰延续了满汉两族服装的特色，满洲贵族女性的等级服饰以袍服为主，种类与男性等级服饰相似，也是以朝服、吉服、常服、便服等类别进行区分。清代汉族命妇的服饰仍承明俗，以凤冠霞帔为礼服，然而宋明时期的霞帔为条状长帔垂于前后胸，清代的霞帔演变为阔如背心，通过探究中心藏清代汉女命妇霞帔可知，清代汉族女性的霞帔以立领、无袖、对襟式背心为主要样式，在胸前装饰与其等级相对应的补子，命妇服饰上补子的等级大多与夫一致，以文禽武兽为基础（图 14）。霞帔之内便是汉式女蟒袍，款式基本延续明代风格，圆领、敞袖，身上装饰以龙纹或蟒纹为主，衣长过膝，下身搭配裙子。与满族女性的上下通身式袍服不同，汉族女性的礼服依然是汉族传统的上下分身式，不过整个礼服的袖口等处放量比明代都略有缩小。

作为晚清时期满族女性最为流行的便服，衬衣与氅衣是绝对的主角。两种服装都属于袍服的范畴，右衽直身式袍服，衬衣下摆没有开裾，氅衣下摆左右两侧各有一开裾至腰，因此不可单穿，内里可搭配衬衣或裤。衬衣在清朝入关前本作为穿在内里的衣服而存在，因此称为衬衣，氅衣则是后期发展而成的新兴服饰，故宫内所藏宫廷氅衣的实物最早可见于道光朝，因其工艺繁复，做工精致，在晚清时期，氅衣成了满族女性们最为喜爱的一种服装样式（图 15）。

氅衣的流行与清代纺织业的发展有着不可分割的联系，道光年间最早的氅衣并没有繁缛的镶边，慈禧执政之后氅衣绲镶的装饰开始逐渐复杂起来，下摆开裾多使用如意头的复杂装饰，袖口与领口的绲镶层次逐渐增多、面积逐渐加大，更有甚者绲镶的面积超过了袍服本体，从三镶三绲、五镶五绲，逐渐形成了著名的“十八镶”。这种过于繁复的装饰手段的流行，除了反映出清末奢华生活的状态，也反映出手工业与商业的发展。现故宫便藏有大量清末时期织成的绦子边，这些各式各样的织成料，或绣制好的袖口、领口刺绣成品，都是花边手工业发展的体现，这些成品作为随处可见的商品，制作衣服时只需要购来成品钉缝在衣服上即可，大大缩减了制衣的时间。多道镶边使得衣服看上去极为华贵，因此清末绲镶之风大盛。

清代初期汉族女装的廓形在很大程度上保留了明代以来的汉族女装形制。明代的汉族女装特点是廓形纤瘦，袖身宽肥、袖口广阔，其形制主要是上衣下裳制，上衣有袄、衫、襦等款式，有些下摆长度及胯，有些延长至膝盖，但无论是袄还是衫，整体衣长都超过了腰部。下面配着束裙，裙摆拖地，并带有宽阔的裙幅。下裙部分主要有两个较为流行的品种，其一为南方女子更为喜欢的百褶裙，其二为极其著名的马面裙。此外，还有诸多裙名，例如月华裙、凤尾裙、鱼鳞裙、襕干裙等等。汉族女装中还有一种突出清瘦效果的比甲，长度有长有短，没有袖子，前襟或大襟款

图 14　钉金银绣鹭鸶纹补霞帔

图 15　大红色纳纱绣蝶恋花纹氅衣

式各有不同。清初传统的汉族女装外形为宽松的上衣和大袖子，长度及地，通过高耸的头饰点缀，展现出整体修长而优雅的轮廓，这一时期的汉族女性装扮从许多流传的画作中都可以看到。

晚清民国时期是汉族女装一个承上启下的时代，受到了晚清满族女装奢华的影响，这一时期汉族女装也加入了大量的镶绲和刺绣装饰，比甲逐渐不再流行，袖子整体放量变窄，愈发贴合身体；裙子由A摆逐渐收缩，民国时期的汉女下裙衣长由长裙逐渐变短，出现了中长款裙装；裤子也开始外穿等。由于衣长和裙长的缩短，整体廓形呈现出横向宽阔而纵向扁平的特点[8]。服装的变化显现出了社会风尚与政治经济的变化，传统服饰与现代西方服饰的碰撞，使女性的审美标准产生了变化。纺织工业在清末的发展，也使得越来越多纺织商品走入了平民的生活，一些较为高档的纺织品成了大众可以接受价格的生活用品（图16～图20）。

（三）民间佩饰的多样与内涵

整体的服饰搭配除了完整的服装之外，还有许多作为服装配饰而存在的饰物，这些饰物有的也是服装的一种，有的则属于单纯的装饰品，统称为佩饰。中心以肚兜、虎头帽、云肩等民间饰品为佩饰类文物主要收藏对象。这些配饰中蕴含了浓郁的民俗文化内涵，每一件文物上的纹样与工艺技法都极为细致且完整，并没有因为仅是佩饰而懈怠。

肚兜作为中国传统服装中保护胸腹的贴身衣物，不同朝代有着不同的称谓，清代称其为“肚兜”“抹胸”等。形制有着不同变化，汉刘熙《释名·释衣服》载：“帕腹，横帕其腹也。抱腹，上下有带，抱裹其腹，上无裆者也。心衣，抱腹而施钩肩，钩肩之间施一裆，以奄心也。”早期的内衣为腰腹部横向裹布，并系带固定。到了清代，肚兜便以我们熟知的正方形

图 16　大红色织金万寿纹对襟女褂

图 17　黑色织金团鹤麦穗纹对襟褂

图 18　白色刺绣凤尾裙

图 19　朱红色三蓝绣蝶恋花纹马面裙

图 20　绿色钉金彩绣海水江崖龙凤纹马面裙

图 20 局部　裙门

图 21　明黄色打籽绣六蝠捧寿桃纹肚兜

图 22　大红色贴绫绣八仙纹肚兜

图 23　黑色钉金绣麒麟送子纹肚兜

图 24　绛紫色绣虎镇五毒纹肚兜

或扇形等为主了，腰间与脖颈处系带。清代的肚兜主要是老人、儿童与女性穿着，儿童肚兜上的图案多以祈求平安顺遂为主，中心藏肚兜可看到“麒麟送子”“虎镇五毒”等吉祥图案，用以避邪祈福（图 21 ~ 图 24）。

云肩诞生之初是作为保护领口肩部的一种披肩，普通百姓多有佩戴。艺术化的云肩最早见于敦煌隋代壁画中菩萨所披。清代时它被妇女用在肩上作为装饰物广泛使用，因装饰手法独特、颜色纹样多变，灿如云霞，故称其为“云肩”（图 25 ~ 图 27）。

清代云肩的类型较为多样，以四合如意形为最常见的样式，此外还有对开云肩、柳叶式云肩、串珠云肩等多种。传统云肩一般运用对称、平衡、层叠等方式开展排列[9]。云肩从使用功能的角度看，拥有绝对的装饰性，作为披在肩膀上的饰物增加了服装本身的层次感，并且因为其大多使用艳丽多彩的颜色制作，繁复的纹饰会使得观者的视觉重点集中在穿戴者的肩部以上，女性精心装扮的妆发便在视觉上被云肩托起，成为整个人物的重点。

图 25　打籽绣吉祥纹莲形无领云肩

图 26　平绣花卉纹葵口形无领云肩

图 27　三层彩绣四合如意有领云肩

图 28　橘色帽帘式虎头帽

图 29　黑色帽帘式虎头帽

冠帽在中国古代是非常重要的首服，但是冠与帽不同，冠是作为正式礼服搭配的首服，拥有辨别等级的功用，而帽一直以来则是民间使用，早期更被认为是游牧民族的象征，许慎《说文》云“帽，小儿、蛮夷头衣也”。帽的主要功用是防护、保暖，中心藏帽的帽围普遍偏小，推测应都属于儿童佩戴，从造型上看以各式的虎头帽为主，虎头造型多样，颜色各异（图 28、图 29）。

虎头帽是清末最为流行的童帽类型，除帽身正中央的老虎造型之外，大多还会看到象征文采的花卉、象征福气的蝙蝠、象征富足的鱼等等，在创作思想上全国各地的虎头帽会各有不同，但主旨都是给儿童用具有灵性的老虎祛除灾难、保佑平安。

三、总结

从历史发展的大背景角度出发，晚清民国是中国历史中异常动荡的时期，延续了两千多年的封建帝制在此时土崩瓦解，传统汉族文化、关外满族文化与西方现代价值观的碰撞，使得此时的中国服饰体系产生了全方位的变革。传统的上衣下裳全方位收缩，满族的氅衣成了旗袍演化的前身，西方立体剪裁的中山装影响了长袍马褂的平面剪裁，民间却发展起了风格各式的民俗装饰。晚清民国时期是服饰从单纯的平直审美开始向曲线适体剪裁过渡的一个关键期，也是中国服装开始迈向近代化的起点。

（作者单位：北京考古遗址博物馆）

① 王春法：《中国古代服饰文化》，北京：中国时代华文书局，2021 年，第 225 页。
② 故宫博物院、山东博物院、曲阜文物局编《大羽华裳——明清服饰特展》，济南：齐鲁书社，2013 年，第 126 页。
③ 黄能馥、乔巧玲：《衣冠天下——中国服装图史》，北京：中华书局，2009 年，第 290 页。
④ 曾慧：《清代文献〈穿戴档〉服饰——服装篇》，《服装学报》2016 年第 3 期，第 335 页。
⑤ 赵波：《清代宫廷袍服制度的研究》，《服饰导刊》2016 年第 6 期，第 44 页。
⑥ 孙云：《清代女装缘饰风格探析——以满汉女装为例》，《工业设计》2019 年第 11 期，第 137 页。
⑦ 纪瑞婷、任甄：《浅析清代女装中的满汉文化交融现象》，《西部皮革》2022 年第 16 期，第 25 页。
⑧ 吴红艳：《晚清民国女装装饰艺术研究》，湖南工业大学硕士学位论文，2009 年，第 13 页。
⑨ 朱莉：《传统服饰中云肩的装饰美分析》，《明日风尚》2022 年第 21 期，第 145 页。

满袖春风

田　园

在中国传统服饰中，有一种成型时间较晚、形制单一但主题纹饰多样的刺绣装饰物，叫作挽袖。挽袖是清代女装特有的袖口边缘的装饰部件，始记载于清乾隆时期，流行至民国初年，一般长约二尺，宽四寸，相向成对，多用于女上装以及女装袍服等（图 1）。清代李斗所著的《扬州画舫录》中也记载了这一装饰："女衫以二尺八寸为长，袖广尺二，外护袖以锦绣镶之。"

在结构上，挽袖是袖口的接袖部分，单独缝缀在衣袖上，构图多为长条形，便于拆卸；在功能上，挽袖主要用于调节穿着时袖子的长短，包铭新在《近代中国女装实录》中写道："折之于后，可起到掩而藏之的作用。"穿着时翻卷在衣袖外，随着着装者的行为举止而展现人前。同时，作为女装的重要装饰之一，挽袖往往精工细作、图案精美、主题多样，如梅兰竹菊、花鸟草虫、楼阁亭台、渔樵耕读、戏文故事等，深受当时女性的喜爱，也是可以独立欣赏的艺术品。

一、挽袖概述

挽袖，原意为动词，即卷起袖子。宋代诗人苏轼在《送周朝议守汉州》写道："召还当有诏，挽袖谢邻里。"其中便是好友挽起袖子，向乡邻道谢的状态。同时代的词作中也有相应的描写，例如宋代朱敦儒的《鹧鸪天》："佳人挽袖乞新词。"描写的便是女子向文人求取新词曲的场景。直至明清前，这一词语一直指的是行礼前或写字做活前的一个动作。

明朝初期，明太祖朱元璋通令全国衣冠复古，依旧延续汉族"上衣下裳"的传统。《明史·舆服志》记载："……领褾襈裾。褾者袖端。"将袖边装饰独立出服饰共同体，开始单独使用。随着经济的发展和审美的变化，女子着装从明初淳朴的风格逐渐演化成明末的宽大华丽，向着华丽多彩的方向发展，袖子愈发宽大，袖边装饰也从明初的素白逐渐向多彩多纹发展，也衍生出袖制结构，在一些明代的小说和杂剧中都有详细的穿着描述。例如以明末山东民间生活为蓝本的《醒世姻缘传》的第十八回中记述："一个在青布合色内取出六庚牌，一个从绿绢挽袖中掏出八字帖。"

清朝建立后，清政府和降清官员们就关内国民统治的方法达成了一致，野史中记载当时全国实行了俗称"十从十不从"的措施，很大程度上保留了汉族女性的服饰特点，边缘装饰得到了相应的演变和发展，挽袖也完成了从动词到名词的漫长转变。作为当时汉族女性服饰上特有的边缘装饰，挽袖极具实用性和观赏性，相对独立，便于拆换。如上文中所写的《扬州画舫录》中，就记载了乾隆年间扬州街头店铺中售卖带有护袖的女性服装。由此可见在民间，挽袖和用挽袖作为袖口边缘装饰的服装已经成为当时流通于市场的商品。

在宫廷之中，民间服饰的流行也会影响到满制服饰的变化，使得宫中出现了满制与汉制服饰杂糅改制的现象，满汉服饰逐渐融合，有满族特点的马蹄袖也渐渐被汉式的大袖和挽袖的组合所取代，而清嘉庆九年（1804年）的“秀女汉妆”事件彻底将宫廷服饰汉化变成了当时重要的政治事件。虽然终嘉庆一朝，清政府三令五申，但在汉儒伦理的影响下并没有太大的作用。之后，同治年间正式提出了改制女服和御制的需求，在官方的存档中正式为挽袖定名，并规定了相应的御制惯例。直至清末，慈禧对衣着的偏好和当时政治环境的变化，使得挽袖从宫廷私密的边缘装饰变成了“相片外交”中清廷女性的典型标志，也引发了民间的风行，在晚清文学家吴趼人的《二十年目睹之怪现状》中也有相应的描写。

图1　红色戳纱蝶恋花氅衣，袖口处的白色接袖结构就是挽袖

清末时局不稳，西方列强用战争强硬打开了清朝的国门，西方各种先进工业和学术思潮呈现在国民面前，极大冲击了千百年来已经形成独立体系的农业社会和传统儒家学派的理念，使得传统衣冠服饰也受到了极大的冲击，在社会变革的过程中逐渐被抛弃，开始流行“文明新装”，西式服装慢慢融入国民生活，各种改良的传统女性服饰也走向国际化和简约便利的方向，对于边缘装饰也摒弃了传统的繁复样式，挽袖也在这一时期慢慢退出历史舞台。

二、实用与艺术

挽袖的出现到消逝，见证了从明末到民国古代传统服饰制度慢慢走向衰落的过程，也可以代表这一时期无数将实用与艺术相结合的产物。刺绣、织造，都展现了当时女性所引领的艺术风潮。

（一）挽袖的实用性

《礼记·玉藻》记载：“夹二寸，祛尺二寸，缘广寸半。”其中的“缘”指的就是衣边装饰，由此可见，在传统观念中边饰就是服饰制度中重要的组成部分。在使用上不仅能装饰衣着，也可以彰显穿着者的身份地位，慢慢发展成了一种独特的装饰艺术和实用品。

挽袖的实用性主要体现在保护衣服、增加服饰贴合度和舒适度上。在保护方面，由于女性衣着的外形不便于日常生活，衣袖宽大到几乎可以覆盖到指间，袖口处在日常行动中常常会与物品发生摩擦，进而破坏衣衫。并且在服饰制作时人们常常青睐于轻薄的布料，在穿着时比厚实的布料更容易出现破损情况，所以为了延长衣衫的使用寿命，制衣者就会在袖口边缘使用厚实的布料接缝在衣袖里或衣袖边缘，起到保护袖口的作用。

在挽袖出现早期，其使用位置是在衣袖里，将袖口翻开便能看到，这便于女性日常生活起居和女红刺绣等事。后来挽袖简化到直接缝在袖子边缘，对于袖口更加直接起到了保护职责，承担了防磨、防污的作用。对于用料昂贵的衣衫，这种外接的挽袖可以进行局部的替换，展现出制衣者的智慧和质朴的生活方式。

在增加服饰贴合度和舒适度方面，于袖口处缝制作为辅助装饰的挽袖，在结构中起到了拼接的作用，增强衣衫上装饰的艺术感，垂下时遮盖手部，挽起时盖住接口。对于衣袖的外形塑造，由于挽袖材质一般与主体衣衫不同，在构建袖口框架的同时增加了袖口的悬垂度，使得袖口的边缘更加贴合身体。

（二）挽袖的艺术性

挽袖的艺术性主要体现在样式、工艺、色彩等方面，由于形状的局限性，创作的面积很小，但是方寸之间依旧可以呈现精湛的技艺和丰富多彩的图案。

在样式上，挽袖一般为长条形，尺寸上为固定的长二尺、宽四寸，缝制在衣袖边缘，或内或外，有的女上装甚至装有两层以上的挽袖。另外，时人行礼作揖的动作也使得挽袖在图案的分布上呈现不同的状态。因为满绣纹样的成本很高，所以满地挽袖比较少见，多为区域布局，以肩线分前后袖，表现为“前寡后奢”和“前奢后寡”两种形式。图案纹样集中且有大量的空白区域，在成本降低的同时，也体现出了当时女性向外展示“闺行四德”的主要途径。两侧挽袖所呈现的图纹，对称组成一个或一组题材的纹饰,也改善了翻折衣袖时出现的空白区域与衣衫装饰不协调的问题。

在工艺上，与其他纺织类产品相同，挽袖有织造和刺绣两种工艺。其中织造工艺主要体现在缂丝,但由于缂丝工期较长且相对昂贵,所以缂丝挽袖仅在宫廷和高级官宦人家的女眷中才会使用,如今市场较少见流通。相对于织造工艺，更为普遍的挽袖制作工艺则是刺绣。千百年来，汉家女子接受儒家思想熏陶和礼教束缚，从小藏于闺中，学习女红刺绣。她们通常被要求喜怒不形于色，才情不显乎表，对外展示自己贤良淑德的温婉形象。深闺女子为自己精心设计和绣制挽袖，将自己的思绪和想象通过手中的针线示于众人。

在色彩上,由于挽袖与上装主体并非一气呵成,而且传统袖边装饰较多使用白色或黑色的缘饰,所以在主体颜色的选择上很少能统一。而这种大色差的搭配，在视觉上有极大的反差，突出了挽袖与服饰之间的不同，从而起到吸引视线和宣扬制作者绣工精巧、蕙质兰心的作用。

综合来看，挽袖集合了样式、工艺、色彩等方面表现出的艺术性，依托于当时的制作者所受到的教育和文化程度。由于技术应用和知识传播的局限性，挽袖制作者的文化教育往往来自家庭成员的言传身教，所以在纹饰选择和造型设计上有很强的传承性。在对吉祥、幸福、圆满的追求上，极大地体现了中国传统文化中人们对美好生活的向往和憧憬。

三、图案和纹饰

挽袖构图形式多样，大多以刺绣工艺表现图纹，针法丰富多样，色彩运用浓淡适宜，涉及的题材也极为广泛。挽袖的纹饰和中国传统纹饰中许多固定组合一样，讲究“图必有意，意必吉祥”，多有着象征吉祥美好的主题，着重强调制作者对艺术和美好生活的追求，也展现了制作者自身对于图案和纹饰的理解与对造型的设计，下文仅以花鸟、器物、人物纹饰展开举例说明。

（一）花鸟纹饰

从古人文章诗词中可以看出，文人常以花品花性自比，借物传情，也有一部分会在其中加入凤鸟、蝴蝶等动物，以谐音和搭配组合的方式传达美好的期盼。例如凤穿牡丹，宋元时期开始流行凤鸟与花卉结合的纹样。在古代传说中，凤为鸟中之王，牡丹为花中之王，两者结合，象征安宁吉祥、富贵兴旺。

如黑地打籽绣凤穿牡丹挽袖（图 2），此挽袖为黑色缎地，彩绣凤凰牡丹纹样，古朴典雅，层次丰富。牡丹为打籽绣法，结籽排列紧密，不落空隙。颜色内深外浅，细数下来，色彩过渡多达六层，花瓣边缘以缠线绣区分，突出主体牡丹的雍容富贵。花朵上下各绣一只凤凰，展翅欲飞，尾羽有飘扬凌风之感。一枝牡丹，枝繁叶茂，发花三朵，彩凤舞于其间，凤眼妩媚，别具情趣。除了使用在主体牡丹上的绣法外，还有基础的齐针、戗针、扎针等。

当然，不同花卉的组合也有相应的含义，例如以玉兰、海棠、牡丹组合为主要图案的玉堂富贵。玉堂原指汉代皇宫的玉堂院，后引申为翰林院。在古代，学子勤奋苦学，只为进入翰林院得到入仕为相的资格，从而步步高升。这是古代常见的一种追求美好生活的愿景，出仕为官便可出人头地、飞黄腾达、富裕显贵。

如白地打籽绣玉堂富贵挽袖（图 3），此挽袖为白色缎地，以打籽满绣玉兰、海棠、牡丹、蝴蝶、花篮等，寓意玉堂富贵。花朵颜色层次分明，用色清丽淡雅，布局和谐，花团锦簇，精致细密。花篮下方和花草中又有如意纹饰与灵芝，象征长寿吉祥。两只彩蝶飞舞其间，自得其乐，也有祈福之意。细看之下可以发现，在纹样边缘有淡色墨线，应

图 2　黑地打籽绣凤穿牡丹挽袖

图 3　白地打籽绣玉堂富贵挽袖（局部）

图 4　黑地缠线绣蝶恋花挽袖

图 5　蓝地平金琴棋书画四艺纹挽袖

是挽袖制作者起草的底稿，由此可知在刺绣前，制作者大多会在绣布上画出绣稿，但是也有技艺精湛的匠人，仅以指甲在绣布上划出图案痕迹，飞针走线间也可以分毫不差。

再如黑地缠线绣蝶恋花挽袖（图 4），此挽袖为黑色缎地，用彩线缠绣菊花和蝴蝶纹饰，寓意长寿富贵。在用色上，制作者选择同一色调，色彩跨度虽大，但颜色种类较少，使图纹整体突出了朴素淡雅的意境，更显制作者创作时的巧思。据颜色和寓意推断，此对挽袖应该是年长女性穿戴所用。

（二）器物纹饰

器物纹饰，由各种器具、物件组成，主要是古代常用生活器物和神话传说中的法器，是较为常见的题材类型。例如四艺纹样。由古琴、棋盘、线装书、立轴画组成的图案合称四艺，是中国传统文化生活的重要组成部分，也是历代文人雅士的必备之物。明代以前，少见“琴棋书画”的说法，直到明末李渔才将四种活动统一，将其明确为“文人四艺”。古人将四艺视为天下太平、偃武修文的标志，象征着生活安逸无忧、学识渊博、修身养德。

如蓝地平金琴棋书画四艺纹挽袖（图 5），此挽袖为蓝色缎地，平金绣“琴棋书画”四艺用品和香炉，用红色丝线结籽装点。挽袖整体沉静淡雅，极具文雅风骨。

（三）人物纹饰

由于明清小说的盛行，人物主题的纹样逐渐增多，依托于传统儒家教育，民间传说、章回

图6　黑地纳纱绣《红楼梦》人物故事挽袖

图7　米色地墨绣《牡丹亭》人物故事挽袖

小说等都成了挽袖的取材范围，《红楼梦》《牡丹亭》等是挽袖中常见的人物题材，充分体现了当时传统礼教下的文人意趣和闺训方向。而在构图上人物场景承接了国画和木版画的特点，打破了写实的空间、时间，代以平面、散点的方式将人物、建筑、自然景致等呈现在同一个视觉空间中。

如黑地纳纱绣《红楼梦》人物故事挽袖（图6），此挽袖为黑纱地，纳纱绣《红楼梦》人物故事于其上，亭台楼阁、山石花卉，都巧妙地与主题人物相结合，以景叙事，以人叙情。而人物脸部则是使用平针绣，突出人物面孔。

挽袖整体表现了《红楼梦》中四位女子的比较有名的故事情节，分别是“探春钓鱼”“湘云醉卧”“黛玉祭拜”“宝钗扑蝶”，形象描绘了一众女子在大观园中的日常生活，悠闲自得，无拘无束。但在研究中发现挽袖截取不全，下方可能还会有人物图案，文中不作展开说明。

再如米色地墨绣《牡丹亭》人物故事挽袖（图7），此挽袖为米色缎地，以黑色为主色调，突出人物形态动作，针法主要是平针、盘金、网绣等。人物形态刻画细腻，亭台楼阁与花木相互映衬协调，细微处盘钉金线点缀，尽显古朴典雅之意。

挽袖表现的场景是《牡丹亭》中有名的曲目——《游园惊梦》：因先生教授了《诗经》中的《关雎》一篇，杜丽娘忽生伤感，与丫鬟春香一起游览后花园之后更生伤春之情。回来后，柳梦梅手持柳条进入杜丽娘的梦中，令杜丽娘从此“情不知其所起，一往而深”。梦醒之后，杜丽娘独自入后花园寻找梦中的多情郎。

馆藏挽袖一对，是两幅挽袖拼接成的一张完整的“游园惊梦”，左侧为杜丽娘立于园中赏花，柳梦梅持扇坐在围栏旁同赏牡丹，右侧则为杜丽娘梦中场景，柳梦梅手持柳条作追逐状，杜丽娘站在花树旁躲避，颇有意境。

四、结语

挽袖艺术默默走过了百年，见证了王朝的鼎盛，也经历了风雨飘摇中动荡的时代，就连退出实用装饰行列也是悄无声息的。但是挽袖独特的造型样式，寓意吉祥幸福的图案，方寸之间精湛无双的技艺，都呈现出了时人及所处环境的艺术意境和审美追求。这种艺术极强地反映了中国国民在数千年历史文化传承中所形成的和平、和睦、和谐的人生价值观，和中华优秀传统文化中对贴近自然、热爱生活、追求圆满的无限憧憬和追求。

现如今，挽袖收藏逐渐成为潮流，越来越多的人开始关注其上的艺术审美和装饰性。虽然已成过往时尚，但是对挽袖的探索和研究从未停止。

（作者单位：北京市文物交流中心）

参考文献

[1] 汪芳：《衣袖之魅——中国清代挽袖艺术》，《新美术》2012 年第 6 期，第 97 ~ 99 页。
[2] 汪芳：《衣袖之魅——中国清代挽袖艺术》，《美术观察》2012 年第 11 期，第 2 ~ 106 页。
[3]（清）李斗：《扬州画舫录》，扬州：广陵书社，2001 年。
[4] 胡晓、王志伟：《清代美学风物——挽袖》，《中国艺术报》2022 年第 7 期，第 7 版。
[5] 包铭新：《近代中国女装实录》，上海：东华大学出版社，2004 年。
[6] 曾慧：《满族服饰文化的变迁（上）》，《辽东学院学报（社会科学版）》第 11 卷第 4 期，2009 年 8 月，第 98 ~ 105 页。
[7] 曾慧：《满族服饰文化的变迁（中）》，《辽东学院学报（社会科学版）》第 11 卷第 5 期，2009 年 10 月，第 122 ~ 127 页。
[8] 曾慧：《满族服饰文化的变迁（下）》，《辽东学院学报（社会科学版）》第 12 卷第 1 期，2010 年 2 月，第 142 ~ 148、153 页。
[9]（清）西周生：《醒世姻缘传》上卷，天津：天津古籍出版社，2016 年。
[10]（清）张廷玉：《明史》卷 4，长春：吉林人民出版社，2005 年。
[11]（清）吴趼人：《二十年目睹之怪现状》，天津：天津古籍出版社，2004 年。
[12]（东汉）郑玄：《礼记正义》下卷，上海：上海古籍出版社，2008 年。
[13] 殷安妮：《六宫锦绣七彩翊坤故宫藏清代后妃便服品鉴》，《收藏家》2012 年第 8 期，第 49 ~ 58 页。
[14] 殷安妮：《清代宫廷氅衣探微》，《故宫博物院院刊》2008 年第 4 期，第 149 ~ 155、161 页。
[15] 周汛、高春明：《中国衣冠服饰大辞典》，上海：上海辞书出版社，1996 年。

清风入枕屏

清代织绣陈设与官方织染机构的设置

赵芮禾

一、清代宫廷织绣陈设装潢与陈设记录

清代对于室内空间的营造有着极为丰富的艺术审美，这一时期是中国封建历史上手工业技术发展的巅峰，也是多民族碰撞下文化融合的集大成者。所谓室内空间的营造方面，除了基础的房屋内部土木结构外，还有大量的室内装饰。

北京市文物交流中心藏有多件织绣陈设，其中包括了各色坐褥、靠背、迎手等，且多以黄色丝质为底，辅以带有吉祥寓意的纹饰，从纹饰与颜色的角度分析应皆为清宫旧藏。虽数量有限，但皆为精品，且形制样式都可在故宫收藏的织绣陈设中找到相似对照，极为难得。

清代对于不同宫殿园囿中的装饰都有特别的记录，这些记录名为陈设档，被宫廷保管在内务府等地。由于各殿堂陈设品类别较多，时间跨度较大，为了更好地管理和统计核查，内务府管理部门会按年份建立不同的专档。便于工作人员对不同皇帝在位时期的陈设品进行整理和归类，保证档案的有序和准确性。

这些陈设的记录主要包括了铜器、珐琅、玻璃、金银铜胎、玉器、雕漆器、葫芦器、珠石、佛像供器、木器、自鸣钟、鼻烟壶、书籍、挂轴、手卷、册页、圣容、毡毯、坐缛、铺垫等物，一些重点宫殿会根据不同陈设物的种类进行划分，以乾清宫为例，陈设档共 32 册，以不同陈设物种类划分的陈设档便有《乾清宫现设金银铜宜兴瓷玻璃珐琅档》《乾清宫存书画档》《乾清宫西暖阁炕上陈设》《乾清宫东暖阁册卷档》等等[①]。因为时代的变迁，皇帝喜好的不同，因此不同时间段内宫中陈设是在随时变动的。

除了宫廷内的陈设外，不同的皇家园囿、王府花园等地的陈设大多也记录有册，以颐和园为例，陈设档详细记录了颐和园（清漪园）中多地如佛香阁、谐趣园、延赏斋、画中游、乐寿堂、勤政殿、云慧寺、须弥灵境、大报恩延寿寺等几乎园中所有建筑内的陈设[②]。

从诸多的记录中可知，与织绣最为相关的当数各个殿宇内铺设的毡毯、坐缛、铺垫、门帘等实用类纺织品。此外一些作为主人收藏赏玩抑或纯装饰性质的织绣，如用纺织材质制作的手卷、围屏等物，不具备实际使用的功能，除装潢设计外，其体现出更多的是收藏鉴赏价值。

作为清代织绣陈设中数量最多的坐褥迎手等物，此类成组搭配出现的织绣多为一整套，按照

图 1　黄色江绸绣云蝠勾莲纹坐褥靠背迎手一分（份）

陈设档中记载应称其为一分（份），分别为坐褥一、靠背一、迎手二，此四件为一分（份）。此一分（份）坐褥靠背迎手大多置于宝座或榻上，分别有不同的功能，坐垫和靠背用以分隔木质座椅或墙壁等硬面，迎手是在座位两边，用以支撑手臂，这些褥垫内部都有大量棉花等填充物，保证其立体造型，增加端坐者的舒适度。对比故宫藏一分（份）搭配完整的坐褥靠背迎手（图 1）可知，成套组的褥垫所使用的织物材质与装饰手法都是一致的，以保证其整体色调材质的统一与和谐，使得织绣陈设与整体殿宇的功能性具备密不可分的关系。

二、中心藏织绣陈设赏析

北京市文物交流中心（以下简称“中心”）藏的织绣陈设统计约 9 件套，其中成套组出现迎手有 2 对，并未见如文献中出现的坐褥靠背迎手一分（份）。其余坐褥、靠背等皆为独立纹饰风格，虽不成套组，但做工都极为精细，为清代皇家织绣陈设精品。

中心藏黄缎绣彩云蝠寿钉金银龙纹坐褥（图 2），呈矩形，坐褥正中心位置用三蓝绣出边界，形成了绣心与外围两部分。其中外围绣有五彩祥云与多只蝙蝠，不同的蝙蝠口中衔不同物品，有的蝙蝠口衔寿桃，有的蝙蝠口衔盘长。桃在中国古代纹饰中有长寿之意，因传说天宫西王母有蟠桃树，这种蟠桃树三千年开花，三千年结果，蟠桃从开花到果实成熟需要九千年，而吃了西王母的蟠桃便可以延年益寿，长命百岁。因此每到蟠桃成熟时，西王母便会开蟠桃宴，宴请诸神。古

图 2　黄缎绣彩云蝠寿钉金银龙纹坐褥

人便将桃子和西王母的蟠桃联系起来，认为桃子就象征着长寿。盘长的纹饰来自佛教八宝法器之一，因为绳结在视觉上是一种连绵不绝的巧妙循环，加上代表吉祥的七彩祥云，此处也有着吉祥长长久久之意。蝙蝠取“福”字的谐音。将蝙蝠、寿桃、盘长、祥云搭配，是清代极其常见的组合，代表着福寿无疆。

绣心部分主体装饰有钉金与钉银绣相结合的龙纹，龙纹之下是彩云与“卍”字纹。“卍”并非汉字，是梵文，是装饰在佛胸部的吉祥标志，随着佛教的盛行传入中国。唐代时武则天将此符号命名为“万”字，以此成了一个汉字，意为“吉祥万德之所集”。绣心中的龙一共有九条，分别为一条正龙居中，八条行龙环绕左右。九条龙的龙头、龙爪与龙腹是用银线绣制，因流传久远，银线已微氧化；龙身部分用金线绣制，钉线使用了同色系丝线。对比故宫藏黄色缎绣云蝠海水金龙纹坐褥（图 3、图 4），此皆为皇室最高等级纺织品的规格，在故宫藏的龙纹坐褥上可清晰分辨正面为九条金龙，正是皇帝九五之尊的体现。

迎手都是成对出现，按功能可分为日常实用性迎手和祭祀用迎手[3]。中心所藏迎手种类较多，有常见的四方迎手，亦有六方鼓墩状迎手。从纹饰上看皆以蝙蝠、祥云、仙鹤、缠枝莲为主要样式，遵从了明清以来“纹必有意，意必吉祥”的织绣纹饰风格。除前文提到的蝙蝠、祥云等纹，还出现了仙鹤、缠枝莲等。鹤在中国传统文化中一直都是一种凝集了吉祥、长寿、高洁等内涵于一身的祥禽。文官一品的补子以仙鹤装饰，历史上更有仙人骑鹤的神话传说，《淮南子 · 说林训》记“鹤寿千岁，以报其游”，仙鹤更是成了长寿的象征。因此在中心所藏的迎手上便有仙鹤、寿桃搭配

图 3　黄色缎绣云蝠海水金龙纹坐褥

图 4　黄色缎绣云蝠海水金龙纹坐褥折片

的祝寿主题（图 5）。无独有偶，故宫也有纹饰设计极其相似的开光鹤寿纹的迎手，其开光的线条都是以红蓝二色绣制的四方云头为框，内部都是以仙鹤寿桃与海水江崖为纹饰主题（图 6）。

勾莲纹，又称缠枝莲纹，是明清时期极为流行的吉祥纹样，此纹饰流行于许多器物之上，纹饰的主题是以莲花与缠绕的枝蔓相结合，作二方连续或四方连续展开，形成连绵不断又枝叶交错的花卉纹样。这种连绵不断的缠枝莲纹样，象征着生命力顽强的植物，莲花作为中国传统文化认同中的纯洁之花与佛教内涵中庄重吉祥的圣洁之花，在明清时期被大范围地应用。连绵不断的枝蔓与纯洁的花朵相结合，亦象征着吉祥永驻。

纹样的整体造型设计以正向盛开的红色宝相花为中心内圆，红色由深至浅表达了从里至外的数层花瓣，宝相花的最里层花瓣为圆形，肖似牡丹，外侧花瓣呈条状，肖似莲花。交错的蓝色枝蔓形成了外圆，枝条为浅蓝，叶子为深蓝，枝蔓间装饰有四个朱红色“卍”字，里外圆颜色进行了呼应，形成了和谐的美感。此勾莲纹的造型构成了清代极为流行的团花样式，因迎手是六方鼓墩状，整体观感近似于圆，因此视觉的正向落点便在团花之上。团花上下各装饰有上下延伸的勾莲纹与蝙蝠，纹饰铺设圆满（图 7）。对比故宫藏六方鼓墩状黄色缎绣勾莲蝠纹迎手（图 8）的纹饰可以发现，整体设计极为相似，视觉的正向落点都是内部的宝相花的团花造型，上下的勾莲纹满铺剩余空间。

清代对于迎手的图案装饰大多是以代表吉祥长寿的纹样为主，使用制作的材质亦会有所差别，对比同样是以寿桃为主体造型的迎手，故宫藏灵仙祝寿纹迎手使用了刺绣工艺（图 9），而中心藏五福捧寿纹迎手则使用了缂丝的制作工艺（图 10）。不管在清朝还是现代，缂丝都是织绣品的最高品级工艺，工艺复杂、工序繁多，工匠的审美不同也直接导致了缂丝的独一性。作为皇室使用的迎手，大多会使用如妆花缎、织锦、缂丝、刺绣等高档丝织品为材料制作，其中以织锦和刺绣最为常见，缂丝在其中数量最少，可见其珍贵性。

靠背一词最早出现在明代，明代高濂《遵生八笺》卷八《起居安乐笺·下》“靠背”中曾记载：“以

图 5　黄色缎面绣勾莲开光鹤寿纹迎手

图 6　黄色江绸绣勾莲开光鹤寿纹迎手

图 7　黄色缎绣勾莲“卍”蝠纹迎手

图 8　黄色缎绣勾莲蝠纹迎手

图 9　黄色缎绣灵仙祝寿纹迎手

图 10　黄色地缂丝五福捧寿纹迎手

杂木为框，中穿细藤如镜架然，高可二尺，阔一尺八寸，下作机局，以准高低。置之榻上，坐起靠背，偃仰适情，甚可人意。”作为一种传统矮坐具时期辅助坐卧的工具，清朝满族流行的大炕与炕桌的搭配，又将生活方式恢复到了近似于使用席与矮桌的模式，因此靠背流行一时。

靠背在大炕上直接贴墙摆放，也可以在宝座上缩短座位的纵深空间，加强舒适性。另一方面也可以极大程度地满足统治者对于奢华的追求。靠背通常体量较大，一般不轻易移动位置，表面多采用锦缎包裹，内里填充棉花等柔软材质[④]。

这些靠背大多使用了昂贵的纺织品制作，与坐褥迎手相似，装饰花纹会满铺其上，除了龙纹等代表特殊用意的纹饰外，花卉纹是其中最常使用的，中心藏黄色缎绣勾莲杂宝纹靠背便以缠枝莲为纹饰主体（图 11），其间装饰有佛教八宝（宝伞、双鱼、盘长、右旋螺、宝瓶、莲花、法轮、尊胜幢）纹饰，此八宝相传为释迦牟尼佛诞生时天人所供的供品，象征着吉祥与佛法无边。

对比 2015 年保利春拍出现的清乾隆时期明黄色缂丝勾莲纹靠垫面（图 12）与故宫旧藏靠背可知，清代靠背以此类山形造型为主，其中此二件皆面呈三山形，此三山是否象征蓬莱、方丈、瀛洲海外三神山尚未有足够的证据证明，但山形在中国古代所象征的高耸与稳定的特征，始终受到历朝历代统治者的推崇。制作时以金线勾勒出内部三山的框架，中心为团花，呈现出从里至外三层纹饰的繁复装点，将精致华丽与柔软实用的功用合二为一。

中心所藏坐褥靠背迎手全部为黄色，从纺织品使用颜色的角度讲，按照《清史稿 · 舆服志》的规定，清朝的黄色服装是被皇家所垄断的。以朝服为例，明黄色仅为皇帝一人可使用的颜色，皇子为金黄色，亲王及世子以下为蓝色和石青色。此时的黄色得到了皇室的高度推崇与专用[⑤]，是权力的象征，因此中心所藏此类织绣品应皆为清皇室所用。

图 11　黄色缎绣勾莲杂宝纹靠背

图 12　明黄色缂丝勾莲纹靠垫面

三、宫廷织绣的盛行与清代官方织染机构的设置

清代织绣的盛行与当时手工艺技术的发展有着深切的联系，织绣的最主要用途便是装点生活，作为极其耗费工时与人力成本的高档纺织品，在社会经济的发展下，即便是普通百姓生活中也有对美的需求。清代宫廷织绣与民间织绣都是都市繁华的重要组成部分。

与前朝相比，清代的宫廷织绣更是显现出了不同以往的极致繁复的美。绚丽的色彩搭配、精致烦琐的制作工艺、纹必有意的装饰特征，使得清代宫廷织绣诞生了大量的精品。这些织绣精品被广泛地运用到了服饰家装的各个方面，其中室内装潢的各类窗帘垫褥都是最为实用的织绣艺术品。而这些艺术品的制作大多来自清代的官方织染机构。

清代设立于北京的官方织染局建于康熙三年（1664 年），道光二十三年（1843 年）裁撤。除了北京的织染局外，更为著名的便是江南三织造，三织造在织物的制作上各有所长，江宁织造（南京）最善云锦；苏州织造以缂丝、苏绣、彰绒为主要产品；杭州织造大多制作暗花素色的织物。此四处皇家的官方织染局全面负责了宫廷所需的一切织绣产品。

江南三织造经过了康、雍两朝的建设，到乾隆时期已经形成了稳定运行的织染机构，其染工多出自地方从业者；染色事务有赖于地方匠人或匠人世家；染色技术虽以民间经验为主，但因世代相袭，已基本形成一定的模式⑥。江南三织造从建立之初，其职能便不是单纯的织造物品，而是带有浓重的政治监督的作用，早期三织造的主管官员都是皇帝极为亲近信任的，甚至有织造与督抚相平的旨意，其政治职能随着清朝统治的稳定和皇帝对于江南世族的监管逐渐放松而转变，三织造官员的特殊地位才逐渐消失⑦。

相较之下，北京的织染局规模不及三织造，所织、染物品主要有各种常服、行服袍褂、套袖、褡裢裙、丝带、绣纰、妆花绒、祭祀用的幡、桌帷等⑧。北京织染局始建于明初，皇城设内织染局，明朝历代皇帝在位期间内织染局匠人都在千人之上。清代承袭内织染局，起初由工部负责，后转归内务府广储司，工作地点在内城东北角的玉河之上，今织染局胡同一带。康熙初年，北京织染局的规模还是非常庞大的，各类工匠杂役额定有825名，以后不断减少，乾隆十六年（1751年）皇帝亲批将内织染局由城内搬至万寿山以西之时，仅剩70名[⑨]，此时的织染局已经在官营织染业中失去了重要地位。织染局迁至清漪园后，乾隆亲笔题“耕织图”三字，刻石而立。

织染局前为织局，后为缂丝局，北为染局，西为蚕户房，织品的款识织在匹料的端头上，皆织有“织染局”三字，当织染局改为耕织图后，生产的织品端头上全部改织“耕织图”三字。耕织图取代织染局后，成为一所略具规模的皇家织染部门，会按例向宫内上缴一定数量的丝织品。耕织图1860年被英法联军烧毁，后慈禧在耕织图废墟上建造了昆明湖水操学堂。

四、结语

清代宫廷织绣陈设的选择，集中体现了统治者们的繁复审美观念。整个宫廷室内环境陈设，从时间维度审视，已经进入清式艺术风格的成熟阶段。现在留存的诸多清代宫廷织绣陈设，可作为一个侧面展现清代纺织业的繁盛。北京与江南形成了丝织业发达的两大中心地区，设立了专门的织造部门，由皇家直接管理织锦、刺绣、缂丝等高档丝织品的织造，织染局与江南三织造等部门也承担了宫廷所有丝织品陈设的出品，可知清代丝织品种的多样性与工艺技术的高度成熟。

（作者单位：北京考古遗址博物馆）

① 李福敏：《故宫博物院藏清内务府陈设档》，《历史档案》2004年第1期，第128页。
② 李国荣：《清朝皇家园林行宫陈设档概略》，《明清论丛》2015年第1期，第433页。
③ 曲婷婷：《故宫宫廷陈设——迎手鉴赏》，《金融博览（财富）》2020年第8期，第92页。
④ 申明倩、周焘：《古代榻炕用靠背的设计研究与创新》，《包装工程》2021年第24期，第351页。
⑤ 梁文昱：《元明清〈舆服志〉服饰色彩研究》，北京服装学院硕士学位论文，2021年，第51页。
⑥ 王业宏等：《乾隆时期南北织局的染色方法初探》，《故宫博物院院刊》2023年第6期，第50页。
⑦ 严勇：《清代的官营丝织业》，《故宫博物院院刊》2003年第6期，第82页。
⑧ 王业宏、刘剑、童永纪：《清代织染局染色方法及色彩》，《历史档案》2011年第2期，第125页。
⑨ 刘潞：《清漪园“耕织图”景观与石刻绘画》，《故宫博物院院刊》2000年第1期，第62页。

绣彩丹青，运针如笔

田　园

刺绣在我国有着非常悠久的历史，据《尚书》记载，约在四千年前的“章服制度”就规定了当时服饰“衣画而裳绣”的装饰特点。至周代，就有“绣缋共职”的记载，史籍中也有“舜令禹刺五彩秀”之语，清晰地阐明了刺绣的早期发展。随着商周时期礼制形成，上层统治阶级将图腾崇拜与装饰相结合，催发了刺绣技艺的诞生和发展，也因为日常的文化交流和生活需要开始广为流传。

绣画，即刺绣作画，是指用丝线在绸缎等织物上绣制图画的技艺。它将刺绣艺术与绘画艺术相结合，追求的是“如画之境”，强调构图和画意。据记载，三国时期吴主孙权的赵夫人，擅长书法和绘画，能刺绣作列国图，时人谓之“针绝”，是文献记载中最古的刺绣画。随着时代的发展，逐渐形成不同的流派和技术特点，也出现了许多以刺绣技艺闻名的女性。随着时间的推移，男性绣工也逐渐站上历史舞台，打开了绣画的新局面。

一、实用刺绣到绣画

在我国，刺绣工艺有着十分悠久的历史，是从织物装饰演变而来的。在远古时代，由于社会生产能力相对匮乏，人们仅以彩绘装饰衣服，而刺绣的出现使得装饰有了更为立体和能够长时间保留的特点。

《尚书·益稷》中记载：“予欲观古人之象，日、月、星辰、山、龙、华虫，作会；宗彝、藻、火、粉米、黼、黻，絺绣，以五采彰施于五色，作服，汝明。”这说明商周时期已经开始用绣制纹样装饰衣服，在《诗经》和《周礼》中也有相应的描述。但是因为当时植物提取颜色和丝线、布料染色的技术相对落后，刺绣工艺刚刚起步，所以大多是刺绣和彩绘同时存在的，且绝大多数为锁绣针法，在考古发掘中发现的商周织绣残片也验证了这一说法。早期刺绣制品大多为实用物品，如服饰、佩饰、殿宇装饰、旌旗、丧葬用品等。在这些实用品中，刺绣纹饰从部落时期的图腾崇拜演变到带有各种吉祥寓意的装饰纹样，用以装饰或记录时事。

到了秦汉时期，新针法的出现使得刺绣工艺的表达有了多样性的发展。东汉王充的《论衡·程材篇》记载：“齐郡世刺绣，恒女无不能；襄邑俗织锦，钝妇无不巧。日见之，日为之，手狎也。”

可见当时刺绣工艺的普及。根据现有的史料记载推测，其时肯定有刺绣珍品流传于统治阶级，但可惜的是并没有以刺绣入画的相关记载，反而有以刺绣绣制地图的记载。东晋名士王嘉所著的《拾遗记》中记载，三国时期吴主孙权欲一统天下，时常考虑能有善画者绘制地图，于是丞相赵达便将自己的妹妹举荐进宫（《三国志》中记载赵达为方士）。赵夫人改画为绣，作列国图献于孙权，“虽棘刺木猴，云梯飞鸢，无过此丽也”。世人惊叹，谓之“针绝”。

随后的南北朝时期，刺绣逐步从实用品和装饰向艺术品发展，但是还没有完全脱离纪实的作用。同时随着佛教的传入、流行和其后历代皇帝的推广，刺绣制品的题材和用途也随之向宗教倾斜，在此时绣图开始出现宗教人物和场景。1965 年甘肃莫高窟出土的北魏刺绣佛像供养人（图 1），款识为“太和十一年广阳王”，是目前已知最早的有明确纪年的宗教绣品，与当时的一些绘画和石刻作品风格类似。由此可以看出，绘画和石刻的艺术风格已经开始影响到了刺绣制品，但其还未完全脱离纪实的作用。

直至唐代，新的大一统王朝诞生。作为一个多元文化融合的时期，少数民族在华夏文化的影响下形成了独特的艺术融合。写实的花卉鸟兽渐渐取代了上古图腾，纹样的装饰形态愈发自由，在技法上除去最常用的辫子股绣法（锁绣）外，也已经出现了齐针、戗针等手法，同时因为冶炼技术的提升，在绣线的选择上也增加了金银线。这就为刺绣文化和技艺的发展演变提供了重要的条件和动力，刺绣制品也在这一时期完成了从织绣装饰和实用物品到独立观赏品的过渡。当时的文人雅士对于文学、绘画、音乐等艺术形式的推崇，也促进了以刺绣作书画的发展，并出现了很多有关观赏性刺绣创作和绣娘的文学作品。例如唐代苏鄂所著的《杜阳杂编》中记载，唐宪宗时期南海（今广东省广州市）有绣娘，名卢眉娘，“幼而慧悟，工巧无比。能于一尺绢上绣《法华经》七卷，字之大小不逾粟粒，而点画分明，细于毛发”。是目前记载中最早的广绣人物，被视为广绣的始祖，可惜目前并未发现有作品传世。

宋代时，经济和文化的极大繁荣，水墨画的发展和颜色的运用使得艺术出现了更为直观的变化，带动了相关艺术技艺的发展，向着更为繁盛和精致的方向前进，刺绣技艺到达了一个高峰（图 2）。当然，刺绣受到宋代院体画的影响，也随之发生了变化。

图 1　北魏刺绣佛像供养人残片

绣画这种刺绣形式是在宋代正式出现的，它打破了刺绣和织物的传统，与绘画相结合，实现了两种不同艺术门类的创新碰撞。皇家在对画院进行一系列改革的同时，对织绣也进行了统一的管理，在少府设立文绣院、裁造院、内染院等等，至徽宗年间还专门在图画院内增设了绣画专科。以原画稿为蓝本，在临摹之外也会加入自己的艺术处理，使得绣画在原画的基础上更具艺术

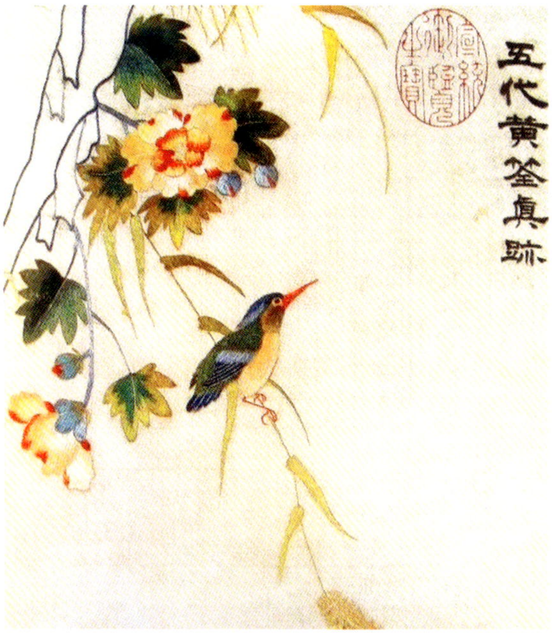

图 2　宋代刺绣黄筌画《翠鸟芙蓉图》

图 3　《十八尊者图册》（局部）

性。明代画家董其昌在他的《筠轩清秘录》中评述宋绣：“宋人之绣，针线细密，用绒止一二丝，用针如发细者为之。设色精妙，光彩射目，山水分远近之趣，楼阁得深邃之体，人物具瞻眺生动之情，花鸟极绰约嚵唼之态。佳者较画更胜，望之三趣悉备。十指春风，盖至此乎！”可见技艺之高超，也对后世的绣画发展有巨大的影响。

二、绣画的传承和发扬

因绣画是绘画和刺绣相互结合后诞生的艺术门类，所涉题材也在两者的范围之内。山水、花鸟、人物、书法，从“摹画”到“作画”，随着技法和材料的变化，绣画也在民间收藏风气的影响下逐渐盛行，刺绣名家身份的确立也成为可能。例如，宋末元初的名家管道昇。

元代时，刺绣技艺也得到了传承，宋代艺术风尚虽依旧风靡，但没有完全影响绣画的变化和发展，还是会在细节之处区别出不同，例如用线和针脚。这一时期仍有工艺精湛的绣画传世。著名书法家赵孟頫之妻管道昇，字仲姬，吴兴乌程县（今浙江省湖州市）人，善书画刺绣，是元代著名才女。她的绣画技艺传承了宋人的细密精巧，绘画与刺绣相互结合，互为辉映，传世之作有北京市文物交流中心藏《十八尊者图册》（图 3）。

《十八尊者图册》共 16 幅，成宗大德二年（1298 年）管道昇皈依中峰禅师后绣制，供于寺中。作者在原有的“十八罗汉”的基础上添加了“降龙罗汉”与“伏虎罗汉”，20 人加上其他 6 位尊者菩萨，总共 26 人，作品人物神态各异，或嬉笑怒骂，或阖眼悟觉，或四顾瞻盼，线条流畅，毫无拖沓累赘与繁文缛节之感，既有悯怀天下的慈悲，又有伏魔降妖的神勇。册尾有元僧中峰禅师、明人金文鼎、王谦题跋。

纵观整幅册页，擘丝极细，用线只一二丝，绣针亦如发细，以至绣迹如笔翰图绘；针法多样，多为齐针铺纹平绣，有滚针、平针、套针、钉针、打籽（人物护臂部分）、网针（人物甲胄、服

图 4　顾绣八仙祝寿图轴

饰的网状装饰）、施毛针（动物绒毛部分）等，通过针法的变换表现人物细节变化，其疏密、轻重、逆顺，循丝理而参差运针，将丝线的光泽与柔顺结合运用，恰到好处。同时，在刺绣的基础上加入绘画，使整幅作品生动饱满。

到了明代时，陆上和海上贸易的发展为刺绣打开了新的市场，随着资本主义萌芽的不断出现，各地出现了大大小小的商业性的刺绣工坊。宫廷刺绣发展的同时，也促进了民间手工业的发展，陆续出现了影响后世的几个刺绣流派，例如“四大名绣”（即苏绣、粤绣、湘绣和蜀绣）和以地方为名的刺绣等等，还发展出了唯一以姓氏著称的绣种——顾绣。

明嘉靖年间，进士顾名世在松江（今上海市）九亩地筑园，在通浚池塘的时候发现一石，刻有“露香园”三字，据说由赵孟頫手书，即以此得名。此后，顾氏女眷以刺绣著名，出了好几位顾绣名家。如顾名世长子顾萁英之妾缪氏，长于丝绣，巧夺天工，以出色的绣艺被记入明代姜绍书的《无声诗史》之中，有“顾绣始于缪氏”之说。

“韩媛绣”使顾绣闻名于天下。顾名世次孙顾寿潜，别号“绣佛斋主人”，师从董其昌，其妻韩氏希孟，善画花卉，工刺绣，深通六法，顾寿潜常与其一起吟诗作画，精进画艺绣技。韩氏嫁入顾家时正值露香园鼎盛时期，所以此时的顾绣绣画追求的是古今名人书画的文人气息和展现不计成本的经济实力。

随着顾氏家族的没落和明王朝的动荡，加上顾绣市场的供不应求，使得其从收藏品与亲友馈赠品转为了养家的技艺。顾名世曾孙女顾氏嫁与廪生张来，24 岁守寡，因家贫以刺绣养家，遂于民间开设刺绣作坊。至清代，顾绣精巧已大不如前，男工的增加也使顾绣少了女性温婉的气质，种类也多为生活用品。到了清代中晚期，顾绣也走向了衰落。

顾绣八仙祝寿图轴（图 4），制于清代，画面中以云雾分隔高台与青山，半山腰上八仙中的七位向山上行进，怡然自乐，高台上寿星与汉钟离向手捧仙桃、跨凤而来的西王母行礼奉酒。图中点缀青松、仙鹤和桃枝，暗合松鹤延年、长寿健康之意。其上方墨书：“几会瑶池开暖阁，云移霄汉赴蟠桃。”并绣有“露香园”朱文圆印与“虎头”朱文方印。

此图轴绣、画结合，是顾绣的主要特征。人物和仙鹤用彩色丝线以平针、套针、接针、滚针、缠针、网针、打籽针等多种针法绣成，松针和小草以松针技法绣制。山石高台都以画为主，丝线绣出轮廓后填色渲染，人物细节处有加画痕迹，增加灵动之感，衣饰上以钉金绣增添仙人的贵气。画面中有部分丝线断裂脱落，发现底部有墨线痕迹，可以看出在绣画制作前，绣工会先在绣布上画出大致的轮廓再进行绣制。

清代，各地方绣种逐渐形成规模，有了明显的地域上和题材上的区别，同时在刺绣上也有了更为精进的工艺要求，力求密、齐、平、巧、顺，除此之外更讲究用色自然、神形兼具。在针法上，主要有齐针、切针、套针、接针、施针等等。清代沈寿在《雪宦绣谱》中记述了刺绣六要，即审势、求光、配色、肖神、妙用、慎性，主要阐述了绣绘时，通过拼线施色、针法语言、丝理运用的巧妙组合完成一幅完整的绣画的各个要点。

刺绣作为女性德容言工的体现，是展现妇女心灵手巧的一个窗口，绣画也在其中。作为赠送家族成员的礼品，一般遇长辈生日或一些重要节日时，闺阁女子会制作大幅绣画或者一些香囊、扇套、镜子套之类的小活计送给长辈、丈夫和家族中的小孩子，以表达亲近、关怀之意。

纳纱山水图轴（图 5），制于清光绪年间。作者在素纱上刺绣山水树木。画面中远处为群山，近处为水纹树木，远近辉映，趣味盎然。图轴整体以纳纱绣技艺制成。纳纱绣，又称纳绣、戳纱绣，是一种以细密丝纱绢作地，有规律地按纱

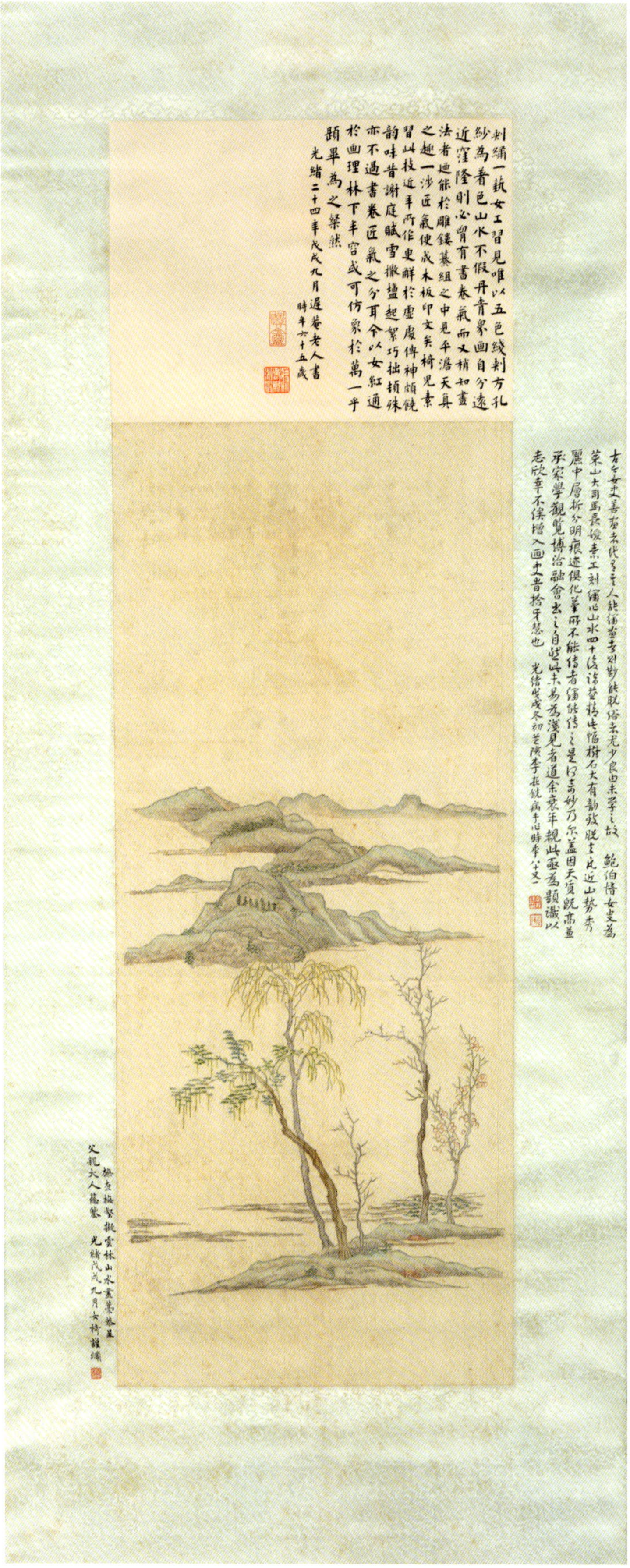

图 5　纳纱山水图轴

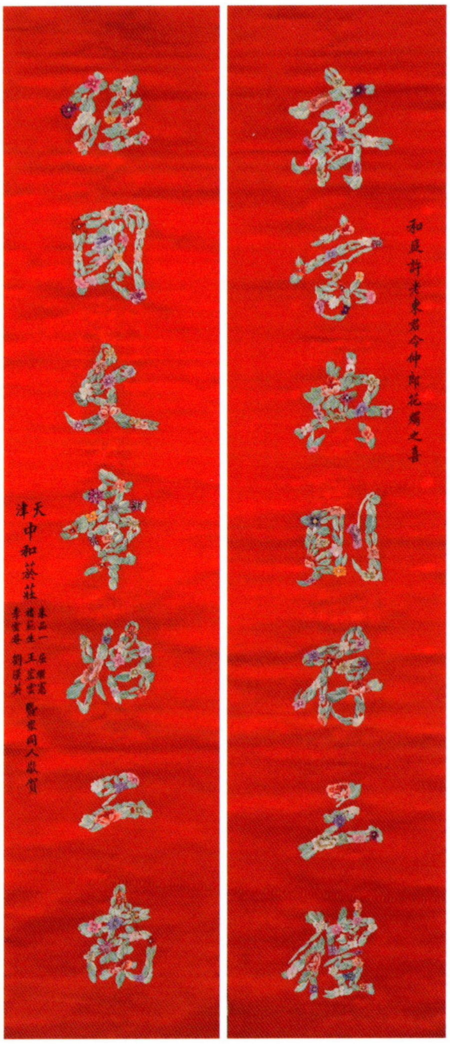

图 6　刺绣花卉楹联（正面）

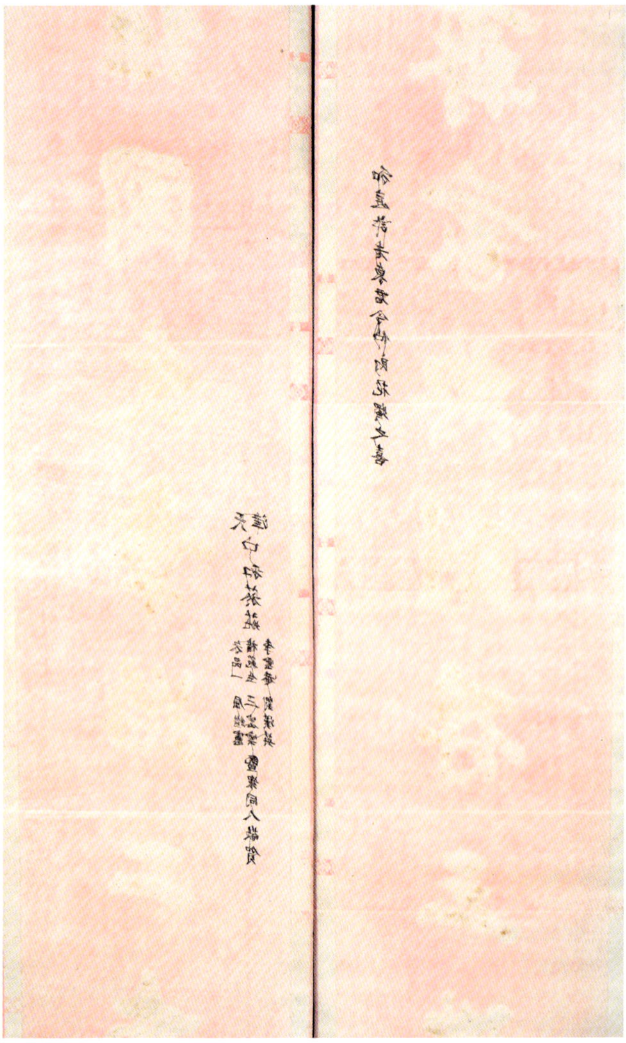

图 7　刺绣花卉楹联（反面）

眼用各种颜色的绣线手工戳纳花纹的刺绣技法，有点像十字绣里的半针。在细节处有墨线痕迹，应是刺绣前画的底稿，丝线底有颜色晕染，加强了画面的色彩感。

由周围题跋可知，1898 年李椅为自己的父亲李在铣临摹查士标、倪云林山水作绣画为礼物。李在铣（1818 ～ 1909 年），字子皆，号芝陔，又号六亩道人，清末著名收藏家，河北涿州人，曾在河南某地任知府，是晚清时期京师著名的收藏家。图轴正上方为迟庵老人题跋，据查此人应为咸丰年间榜眼孙毓汶（1833 ～ 1899 年），字莱山，号迟庵，山东济宁人，精鉴别书画，工书法。

除了绘画作品的刺绣以外，各地还会以书法作品为蓝本制作刺绣条屏。制作者一般会选择名人名作进行绣制，在笔画和笔锋上力求与真迹一样，远远看去，真假难辨。一些地方的绣工还在书法的基础上进行二次创作，以花叶为骨，通过组合形成文字，是亲友间的馈赠佳礼。

刺绣花卉楹联（图 6、图 7），年代为民国。楹联以红色缎为地，彩绣花卉纹饰组成文字，种类丰富、形态各异，主要针法有平针、套针、滚针等。花卉间以叶片链接，支撑文字框架结构，并以花卉叶片的各种形态体现出书法笔锋，在构图上丰富色彩，使整幅作品的展现效果更为饱满。

楹联内容为：“齐家典则存三礼，经国文章始二南。”其中“三礼”是指《周礼》《仪礼》和《礼记》，“二南”则是指《诗经》中的《周南》和《召南》。文意点明持正尊礼的两套典籍，来赞扬家风，也有希望自家端方持正，求吉纳福的意思。楹联上有刺绣的题跋，右侧为“和庭许老东君令仲郎花烛之喜”，左侧为“天津中和烟庄……众人敬贺”，可知此物是天津中和烟庄众人恭贺许老先生二子娶妻的礼物。从装裱的背面可以看出，题跋是装裱完成后才绣上去的，由此推断这类刺绣制品都是制作装裱完直接进入市场，由购买者再次进行加工。

清代末期对外贸易发达，沿海城市为迎合海外市场，大量地使用了传统中不会使用的纹饰，例如猫头鹰等。清末时局不稳，随着封建王朝的终结和新思潮的影响，以及战火的蔓延，费时费力的刺绣工艺也逐渐走向落寞。直至中华人民共和国成立后，各地为响应周恩来总理关于挖掘发展中国传统工艺美术品的指示，传统技艺重新进入人们的生活，绣画也焕发出新的生命。

三、结语

历朝绣画发展，都离不开社会的影响和人们的创造。气韵上庄穆大气，色彩上繁简皆宜。绣画的精彩之处，在于针与线的组合代替了笔墨，在原画的基础上增添了一分丝线的光泽和质感。

刺绣艺术传承至今，绣画的发展从未停息，让我们去不断探索新的方向，结合新的技术，但是传统依旧散发着光芒，吸引着我们不断地思考和研究。

（作者单位：北京市文物交流中心）

参考文献

[1] 孙佩兰：《中国刺绣史》，上海：上海辞书出版社，1996 年。

[2] 田自秉：《中国工艺美术史》，北京：知识出版社，1985 年，第 104 ~ 105 页。

[3] 殷安妮：《露香园顾氏绣画赏析》，《收藏家》2007 年第 4 期，第 37 ~ 42 页。

[4] 于颖：《明代顾绣针法技艺探析》，《丝绸》2010 年第 5 期，第 47 ~ 51 页。

[5] 赵娟：《探析汴绣绣画之艺术特色及其发展现状》，《装饰》2015 年第 5 期，第 126 ~ 127 页。

[6] 王梅格：《中国古代的女子绣画》，《寻根》2012 年第 1 期，第 65 ~ 70 页。

[7]（清）沈寿：《雪宧绣谱》，重庆：重庆出版社，2010 年。

[8] 曹小鸥：《刺绣：艺术还是工艺？——中国刺绣的历史及其当代问题》，《艺术评论》2022 第 8 期，第 8 ~ 18 页。

[9] 朴文英：《刺绣史上的里程碑——宋代刺绣》，《辽宁省博物馆学术论文集（1999 ~ 2008）》第 3 册，2009 年，第 32 ~ 37 页。

[10] 许嘉：《从“绣画”到“针言”》，《新美术》第 41 卷第 1 期，2020 年 1 月，第 110 ~ 116 页。

[11] 许嘉：《绣画——中国江南传统刺绣研究》，中国美术学院博士学位论文，2016 年。

织中之圣缂丝的“遗”脉相承

缂丝工艺技法的传承与发展（以清代藏品为例）

秦　露

泱泱大国，千古华夏，在这片土地上孕育了数不清的历史文化遗产。缂丝，又称“刻丝”，是中国传统丝绸艺术品中的精华。作为中国传统工艺的瑰宝之一，以其精致、细腻和独特的美感而闻名。它是一种将彩色丝线嵌入到织物中的装饰技术，使图案更加生动和富有层次感。缂丝常用于制作服装、家纺品和工艺品等，极具装饰欣赏性。缂丝其实并非真的用刀来雕刻，这是一种以生蚕丝为经线，彩色熟丝为纬线，采用通经回纬的方法织成的平纹织物。缂丝织制时，以本色丝作经，彩色丝作纬，用小梭将各色纬线，依画稿以平纹织造。纬丝按照预先描绘的图案，不贯通全幅，用多把小梭子按图案色彩分别挖织，使织物上花纹与素地、色与色之间呈现一些断痕，类似刀刻的形象，这就是所谓“通经断纬”的织法（图 1）。

缂丝是一种具有悠久历史的中国传统丝织工艺品，缂丝的制作技艺以其独特的挑经显纬技术和精美的装饰效果而著称，因其复杂与烦琐的工艺性质，产量低，品质精，又有“一寸缂丝一寸金”的说法，价值连城且极其难得。今天还能够看到的古代缂丝文物已非常稀少，一是因为缂丝属于织物，具有畏光照、畏虫蛀等特质，且丝蛋白老化后纤维非常脆弱，极难保存；二是因其工艺制造成本特别昂贵，所以本身产量稀少，尤难一见，因此它被誉为“织中之圣”。制作缂丝需要经过多道工序。首先，在织物上设计出图案，并将其分割成不同的部分。然后，使用细针将彩色丝线逐一穿过织物，并在背面固定好。这个过程需要耐心和精确度，因为任何一个失误都会影响整个图案的完美呈现。最后，制作完成的缂丝织物需要经过整理和修饰，使其更加美观。缂丝的特点在于其细腻而生动的图案，以及丰富的色彩。通过精心设计和巧妙嵌入，缂丝能够表现出各种不同的花纹、动植物和景象。无论是繁复华丽的宫廷服饰还是简约大方的家居用

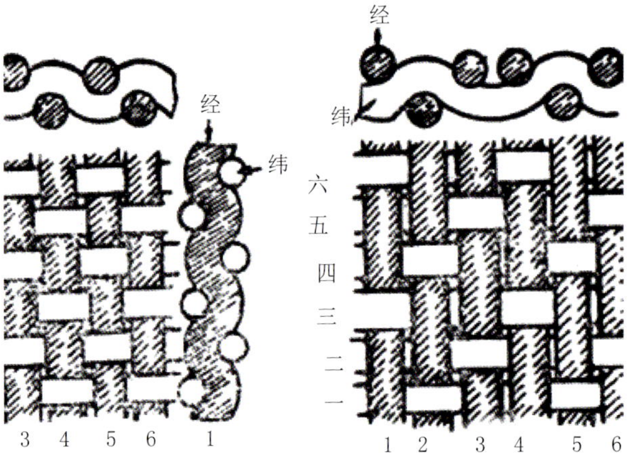

图 1　缂丝经纬图

品，缂丝都能为其增添一份独特而高雅的韵味。除了在服装和家纺品上的应用外，缂丝也常用于制作工艺品。例如缂丝扇子、缂丝挂画和缂丝抱枕等，都是非常受欢迎的礼品和收藏品。这些精美的手工艺品展示了中国传统文化中对于美学的追求和技艺传承的重视。

一、各个时期缂丝工艺的发展

缂丝工艺的历史源远流长。与庄绰[①]同时代的宋人洪皓（1088 ~ 1155 年）据其在金国游历时见闻所写的《松漠纪闻》记载："回鹘自唐末浸微，本朝盛时，有入居秦川为熟户者，……又以五色线织成袍，名曰克丝，甚华丽。"缂丝的制作工艺可能源自古埃及和西亚地区的西域缂毛工艺，通过丝绸之路传入中国。早期在中国新疆地区出土的缂毛织物中，就有许多保存着早期西域风格的纹样。这种工艺利用彩色纬线在丝织物上织出各种纹样，体现了中国古代西北地区的装饰纹样风格以及工匠们的精湛技艺。从产生至今，它在各个阶段也有一些不同的特点，可以从这些特点上研究缂丝作品的年代甚至当时的工艺技法。

（一）汉唐时期

缂丝工艺最早出现在汉代，属于宫廷手工艺品。当时的缂丝作品多为礼器、服饰等，以细腻、精致、华贵为主要特点。唐代缂丝的纹饰题材多为一些简洁大方的几何形花纹，色彩层次丰富度稍差，但是比较喜欢突出中原文化风格的韵味。唐代缂丝因工艺仍有局限性，只能织造小型几何花纹的条带实用品。同时符合唐代的朝代特色，唐人崇尚艳丽、色彩丰富的装饰，以明快的宝蓝、胭脂、明黄、汁绿等色彩织造宝相花、海石榴、忍冬花等吉祥花卉纹样。

（二）宋元时期

缂丝技艺发展到两宋时期已日臻成熟，并从实用性逐步过渡到欣赏性，注重纹样和图案的创新，形式多样化，常见的有花卉、鸟兽、人物等图案。北宋时期的缂丝大多继承唐代缂丝的织法，但是其花纹较唐代更加新颖别致，更富有立体感。南宋时期的缂丝制作工艺最为精湛，多种技法并用，写实风格比较明显。技术上也有了一定的突破，缂丝幅宽大小已不再受限，可根据需要定制不同幅宽的缂丝织机，既能生产 5 厘米以下的绦带，也可织造 1 米以上的横幅大件，出现了以缂丝工艺织造书画卷轴的新风尚，此类制品较实用性缂丝更具艺术性，故名作"镂绘"。缂丝是单层平纹织物，具有双面显花、色彩相同、方向相反、可两面观赏的特点。

元代缂丝有别于宋代的细腻之风，具有简练豪放、古拙苍劲和浑朴写实的特点，元代人崇尚华丽的金色，缂丝作品会加上一些金线，尽显奢华富丽之美。缂丝作品多盛行制作与佛教和祝寿有关的挂轴，多采用金彩，独具时代特色。但由于元代统治者的游牧生活方式对农业、手工业带来了冲击，元代缂丝技术和艺术水平并未得到很大提升。

（三）明清时期

与前两个时期相比，明清时期的缂丝作品更加注重实用性，在宫廷和富裕家庭中得到广泛应用。明代洪武年间，由于当时的统治者明太祖朱元璋不喜奢华，曾将缂丝工艺贬作"淫巧"，这一行为也影响了缂丝工艺的发展。但宫中艺人的缂丝工艺并未停止传承，明宣德年间，经济日益繁荣，缂丝工艺再次兴盛，涌现出一批缂丝艺术精品。缂丝技法除了延续之前的传统之外，还创造出了双子母经缂丝法和“凤尾戗”。明代缂丝的艺术风格颇具精丽艳逸之风，色彩线的配制尤其别具匠心，常用加织金线、孔雀羽线和双股强捻丝线等技法，其中缂孔雀羽线的工艺是将孔雀翎毛上的羽绒一根一根地与丝绒捻合而成，如此织出来的花纹金翠耀眼，几乎不褪色。与宋代缂丝的典雅庄重之韵，可谓各有千秋，相异其趣。但到嘉靖以后，缂品上过多地使用补色，用丝不细，织造也较粗糙，大有每况愈下之势。 从传世品所呈现的面貌来看，明代以后的缂丝作品其艺术性和精巧程度不及宋代。

清代缂丝的表现领域更为扩大和多样，在缂丝技术上创造了双面缂（又称透缂），正反两面纹饰均清楚平整，精细一致，可较多地用于制作双面屏风和扇面等。清代缂丝作品中出现了大量的为了节省人力成本和技术成本而在细节细腻处进行补绘的作品，即新创的“缂绣混色法”，把缂丝、刺绣和彩绘三者结合，在画面中的主体花纹上用五彩丝线刺绣，而背景和陪衬的花纹则用缂丝方法缂织，再配以画笔描绘边框，大面积色彩用画笔晕染。这在一定程度上加强了织物的装饰效果，使画面色彩更加浓郁，丰富和提高了缂丝艺术的表现力。但另一方面，随着缂品画面着笔的增多以至滥用，有偷工取巧之嫌，作品的精细程度远不如以前，这种状况在乾隆以后尤为突出。这无疑大大削弱缂丝艺术本身的特色。到了晚清，随着社会环境的变化，缂丝粗劣之作充斥于市，即便宫廷用度之物也罕有精品，缂丝艺术步入了江河日下的衰败之境。又由于缂丝作品难保存的特点，传世佳品也十分难得。

（四）近现代时期

近现代以来，随着科技进步和工业化的发展，传统的手工缂丝逐渐被机械化生产所取代。机械化降低了人工成本，一定程度上提高了作品的产出效率，但是精致程度大打折扣。但是，传统的缂丝工艺依然在一些地方得以保留和发展，并入选非物质文化遗产，这些遗留下来的珍贵技术需要被保护和传承，还可以结合现代设计和技术进行创新，推出更加多样化、时尚化的作品。总体来说，缂丝工艺在不同年代都具有细腻、精致、华贵的特点。它不仅是一门技艺，更是中国文化中独特而珍贵的一部分，珍贵的缂丝工艺作为人类文化遗产的组成部分，应当好好保护，予以流传。

二、北京市文物交流中心缂丝藏品的基本情况

缂丝作品制作困难，需纯手工制作，日常保存还需要避免日晒、防霉等。由于缂丝难保存的特点，北京市文物交流中心库藏缂丝藏品数量不多，年代多为清代、民国。按实际用途可分为两大类：具有观赏性和装饰作用的缂丝画，以及具有实用性和使用价值的居家、穿戴用品。虽然库藏数量较少，但也有少量较为精美的藏品。

比如这幅库藏的缂丝群仙祝寿图立轴（图 2），是一幅清代中期的缂丝精品，呈现的内容是群仙向西王母祝寿的景象。以绛红色、红色丝线缂织为底色，运用戗缂的工艺技法织出底色的浓淡变化，使得画面更具有立体感与层次感。图中上方天宫彩云飘然而至，如临仙境。左边缂织出

西王母跨彩凤，众仙女姿态婀娜，手捧寿桃掌麈扇紧随左右，腾云驾雾飘然而至的情景。麻姑与仙女乘槎而来，满载蟠桃前来祝寿。右方隐约可见透露于云端的玉楼琼宇，掩映在远山深处，福海碧波荡漾。瑶台之上福禄寿三老作揖，携童子带寿桃向王母献寿，台阶之上寿星老人身穿道袍，手拄寿杖，神采奕奕，身旁两童子抬着一个巨大的寿桃前来贺寿。画面下方山石上正行走的八仙人形态各异，各持宝物。周围环绕着仙桃累累的果树、苍松翠柏、寿山福海、仙鹤、灵芝、仙桃、蝙蝠等象征长寿的景物，突出了祝寿的主题。这幅精雕细刻的群仙祝寿图轴虽为缂丝织品，却具有水墨山水画的章法。作者以梭代笔，采用高、平、远、深相结合的技法，赋予作品极强的立体感。其中运用了齐缂、戗缂、套缂、缂鳞等多种技法，使缂制的人物肌肤、服饰以及相配的饰件形象逼真，人物神态惟妙惟肖。云海、祥云、凤凰、仙鹤等都具有灵动之感，其精湛的技艺堪称清代缂丝中的上品。本图人物虽多，但神态各异，生动传神，人物除用齐缂、戗缂法外，在人物面部眉须、衣帽上采用了细纹构缂的技法，面目清晰，服饰飘逸。仙人、青山、绿水、巨树、花草等各个物象都是先织出轮廓，细微处再用笔描绘。有的地方留有缂口，在拿起时可透光增加画面的精美程度。流光溢彩的人物背景布局合理，工艺精湛，又兼晕色秀丽，为难得一见的清中期的缂丝珍品。

清代缂丝书画在配色上较为流行用同一种色彩由深到浅渐进推移的“三蓝缂法”。这幅库藏缂丝访友图（图 3）就运用了这一技法。画面左边有三蓝缂法所织出的山石，立体感十分丰富。“三蓝缂法”是在浅色地上，用深蓝、蓝、浅蓝三种色相相同、色调不同的丝线作退晕处理，用于表现山石、云雾的层次感，使得山石远看有层峦叠嶂的立体效果。用戗缂技法缂织成各种花纹图案，这种技法的运用，使画面较为鲜艳明丽，较之明代缂丝的素雅沉稳，别具风格和时代特色。这幅缂丝图表现的是五位老人携书童寻友聚会的场景，所谓“五老”，是指杜衍、王涣、毕世长、冯平、朱贯这五位宋朝时的重臣，他们辞官后寓居南京睢阳（今河南省商丘市睢阳区）颐养天年，经常晏

图 2　缂丝群仙祝寿图

图 3　缂丝访友图

集赋诗，时称“睢阳五老会”。这5位长寿老人均是“退休高官”且年至耄耋，因此五老图还有预祝长寿之意。缂织画面中还有松树、柳树等，代表年岁悠长、四季常青的含义。

除了缂丝画，这件清中期缂丝方体宫廷拐枕也属实用型缂丝精品（图4）。拐枕一般垫在胳膊肘下方，起一个支撑作用，多用于皇室和富贵人家。此件缂丝拐枕底色为黄色，明显是出自宫廷皇室，图案多用海水纹、寿桃、“卍”字纹、蝙蝠等，寓五福捧寿、万寿无疆之意。此件缂丝作品对称规整，细节考究，没有用画笔描绘的方式，边线全部清晰地构缂出来；配色十分和谐，过渡自然。在不大的图案上运用了许多缂丝的基本工艺技法，使得整体作品非常规矩，也符合宫廷用品的制作准则。

图4　缂丝方体宫廷拐枕

三、缂丝工艺运用的基本技法

从上述藏品中也可以发现，缂丝工艺十分复杂，制作技法也很繁多。古人曾云：“虽作百花，使不相类亦可。”就是形容缂丝技艺种类繁多。缂丝在唐代被广泛应用于皇室和贵族的服饰上，随着时间的推移，逐渐发展成为一门独特而高雅的艺术形式，并在宋代达到了巅峰。在这个时期，人们不仅将缂丝用于日常用品，还将其与书画艺术结合，创造了新的艺术形式，如织画卷轴，这在当时是一种新潮的做法。南宋时期，缂丝超越实用工艺品的范畴，强调美学欣赏价值，因此缂丝工艺技法也发展到一个顶峰，缂品已能灵活运用搭梭、子母经、长短戗、刻鳞、包心戗和参和戗等多种技法。后续朝代还有凤尾戗、双面缂等技法。缂丝是平纹织物，它在织造技法上的变化其实就是色彩的表现方法的变化，由点、线、面三类构成，其中线、面又可细分。宋代以后，缂丝技艺在中国各地得到了广泛传承和发展，到了元代和明代，成为皇家御用的重要丝绸产品，用于制作皇帝的龙袍等高级服饰。下面介绍几种比较有代表性的常用缂丝技法，以上文提到的清代藏品为例，简介各个时代流传下来的工艺特点。

（一）掼、构、结（图5～图10）

掼、构、结是构成缂丝作品的基本技法。掼：在一定坡度的纹样中（除单色外），二色以上按色之深浅有规律有层次排列，如同掸上去似的和色方法。构：一般用于勾勒图案的较细边缘线，比如边框或者花、叶的纹路。纹样外缘一般用较深色的线，清晰地勾出外轮廓，起到工笔双勾作用。结：若是单色或二色以上的纹样，在图案上有弧度或起伏的地方及比较粗的边缘线位置，根据其

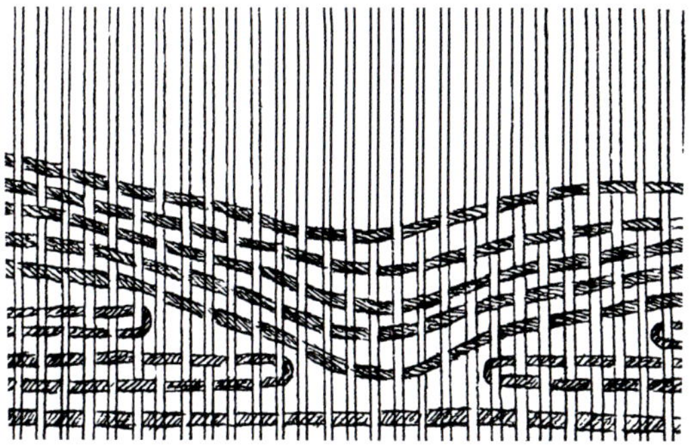

图5　掼缂走线图

图6　掼缂海水纹

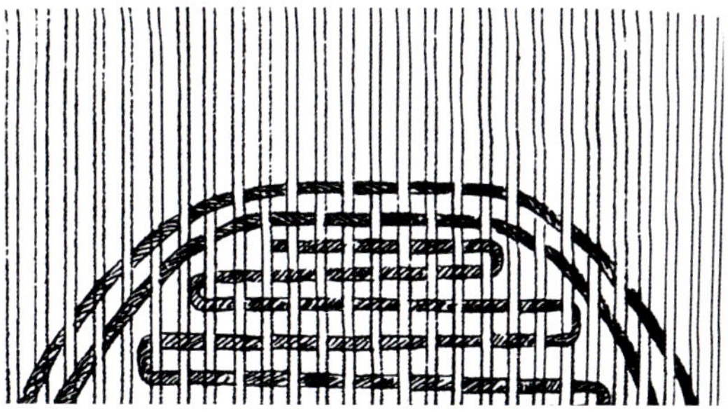

图7　构缂走线图

图8　红丝线构缂寿桃

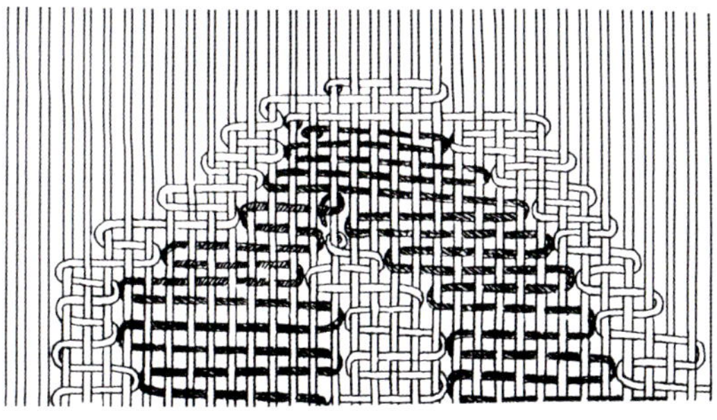

图9　结缂走线图

图10　结缂云纹图案

面积大小，在纵向、斜向的位置，采用有规律的两根或三四根经线同时向上走的方式进行纬线来回穿梭缂织的和色方法。

（二）平缂（图 11、图 12）

平缂，将纹样描绘在经线上，然后按纹样的轮廓，用彩色小梭一块一块地回纬平纹缂织，不采用其他缂织技法。用于大面积没有颜色变化的部分，比如画面中的底色部分。

（三）戗缂

戗缂又叫戗色法，起源于唐代，包含长短戗、木梳戗、包心戗等很多种戗色手法。在同色系图案颜色中，两种颜色很接近的部分，用两种或以上颜色的色线对纹样进行调色、和色，有点像渐变，或者晕色。两种或以上颜色的色线相互交织制作，使其过渡自然，呈现浓淡层次、态势变化，情节动作更加柔和自然。

1. 长短戗（图 13、图 14）

始于宋代，多用于花瓣、叶片、羽毛、枝干等明暗、深浅颜色变化过渡的位置。在花纹颜色的过渡过程中，运用纬线伸展长短的变化，使得深色纬线和浅色纬线相互交织，创造出一种自然的晕色、深浅变化的效果，并沿用至今。

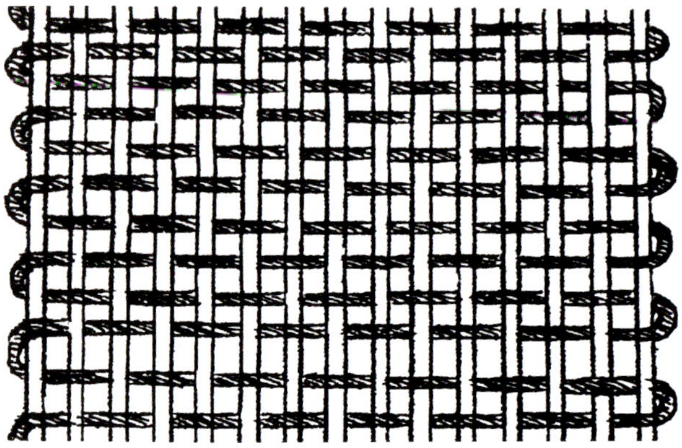

图 11 平缂走线图

图 12 “吉”字部分采用平缂的技法

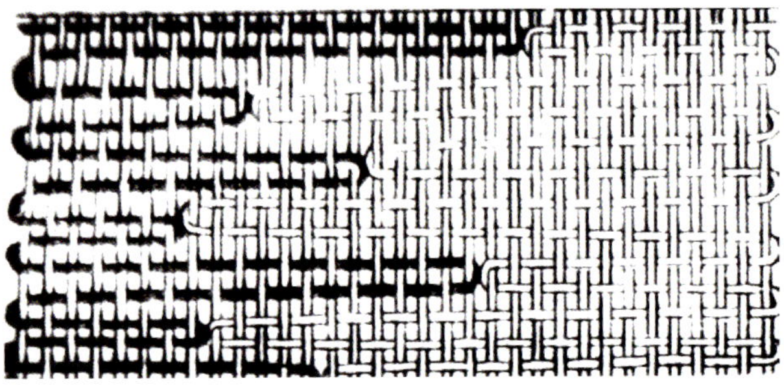

图 13 长短戗走线图

图 14 长短戗表现山石阴影

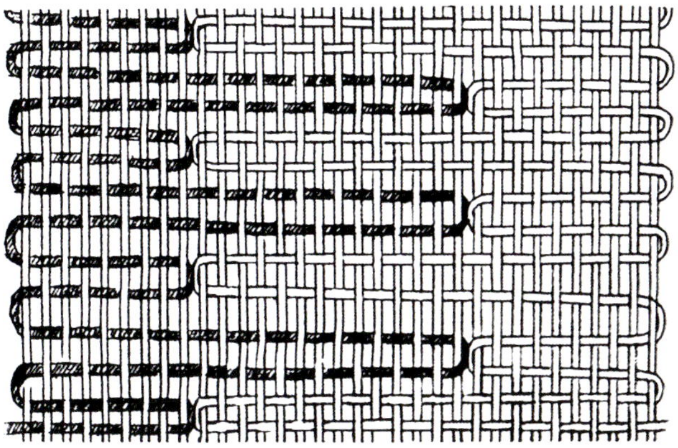

图 15　木梳戗走线图

图 16　衣服领口与袖口部分采用木梳戗

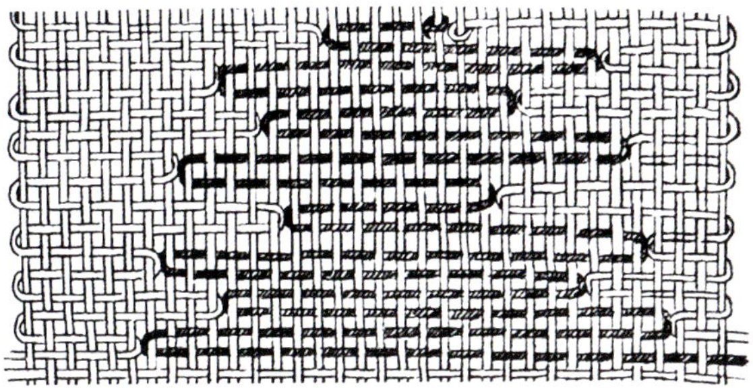

图 17　半包围包心戗走线图

图 18　包心戗表现山石层次

2. 木梳戗（图 15、图 16）

朱缂法[②]的一种，根据图案特点，在深浅过渡的地方，两种色线有规律地从左向右或从右向左排列整齐，形成木梳状的交接线条，色彩过渡规整有序，富有装饰趣味。与长短戗不同的是，其不同色阶的丝线互相交错戗织时，边缘整齐划一，长度相当，如同木梳齿缘一般整齐排列。

3. 包心戗（图 17、图 18）

一说由南宋缂丝大家沈子蕃[③]在沿用已有缂丝技术的基础上，创出了“包心戗”的新缂法，多运用于花朵、树木、鸟类背部颜色深浅交接的地方。在长短戗的基础上，从左往右、从右往左对包缂戗，浅色区域从外向里包住深色，由外而内将深色区域包在中间，产生色彩过渡，充分表现图案的立体感和层次感。

4. 凤尾戗（图 19）

是明代增创的缂法，与木梳戗的原理相同。通常用于两种颜色过渡处，由两种色线不规律地交替缂织长短、粗细不同的线条，线条的戗头一排粗钝一排尖细，粗者短，细者长，粗细相间排列，因形如凤尾状而得名，多用于羽毛的缂织。

（四）搭梭（图 20、图 21）

在作品图案中，两种颜色结合时有竖缝的地方，用其中一根色线搭到另一种颜色部分的经线上，

图 19　凤尾戗织成的波纹

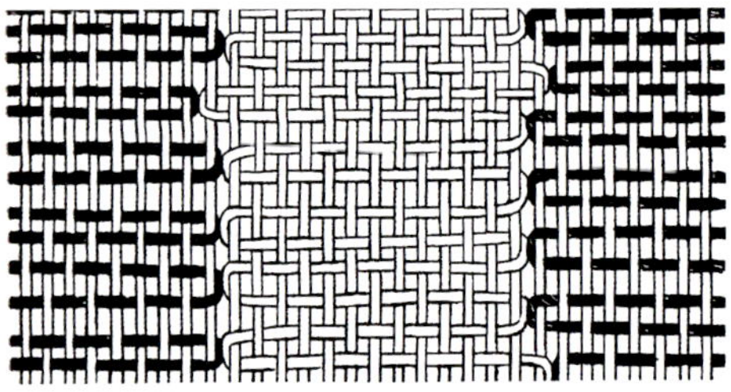

图 20　搭梭走线图

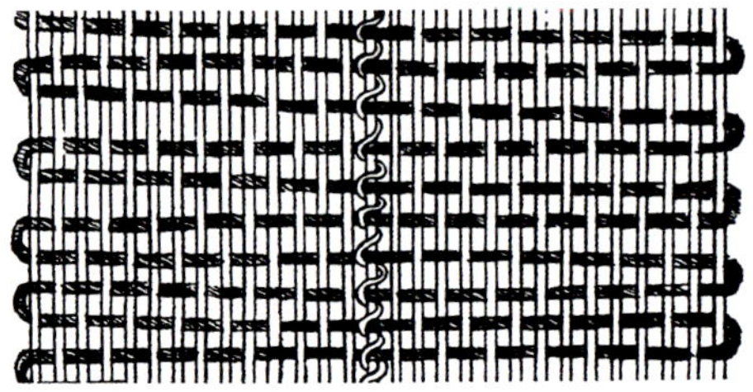

图 22　字母经走线图

图 21　搭梭衔接两个寿桃

避免两种颜色相互连接时形成裂口和缝隙。

（五）双子母经缂丝法（图 22）

用一根纬线在两根经线上缠绕，一号梭子在需要缂织直线的地方穿一根经线，二号梭子织纬时跳过这根经线，由一号梭子反复穿过这根跳过的经线，如此反复，最后形成直线线条，多运用于印章图案中的直线线条。其特点是在织造时可以随作者的意图安排画面的粗细疏密，也可以随题材内容的不同而变换织法，采用这种技法，能使缂丝制品更加层次分明，疏密均匀而富于装饰性。

（六）双面缂

双面缂，又称透缂，清代创造的工艺技法。缂丝的正反两面花纹均完全一致，清楚平整，精细规矩，不露线头和线结，这一缂丝技法提高了作品的装饰效果和实用价值。

四、缂丝工艺的传承与存续

缂丝作为中国传统工艺的瑰宝，以其精致、细腻和独特的美感而闻名。它不仅展示了中国古代文化的博大精深，也体现了中国人民对于美学追求和技艺传承的重视。2006 年 5 月，苏州缂丝织造技艺入选第一批国家级非物质文化遗产名录；2009 年，缂丝作为中国蚕桑丝织技艺的一部分，被联合国教科文组织列为人类非物质文化遗产代表作名录；2021 年 5 月 24 日，定州缂丝织造技艺列入第五批国家级非物质文化遗产代表性项目名录（苏州缂丝和定州缂丝都是中国缂丝技艺的重要组成部分，它们分别在不同的时间点被列为国家级非物质文化遗产）。缂丝能够评为非物质文化遗产，足以证明它是人类文明的重要组成部分，是传统文化的流传与延续，承载着人类的智慧、人类历史的文明与辉煌。

文物保护相关行业应加大对缂丝技艺的扶持力度，鼓励和支持缂丝艺人的创新和发展，同时加强对缂丝技艺的教育和推广，让更多的人了解和喜爱这种传统手工艺术。传承需要有一定的制度和规范，需要有专业的传承人和学习者。目前苏州缂丝艺人约有 300 人，其中国家、省、市各级“苏州缂丝织造技艺”非遗项目代表性传承人共 11 人。他们开办缂丝工作室，不断探索缂丝技术，创新缂丝作品类型。将缂丝工艺引入现代，创新开发各式各样的缂丝文创商品，让它走进寻常百姓家，感受这一古老工艺的魅力。国家也可以出台相关政策，鼓励和支持传承人开办缂丝技艺学校，培养更多的学习者。此外，传承人也应该积极传授技艺，让更多的人了解和学习缂丝技艺，为传承非遗技艺做出一份贡献。希望在未来能够有更多的人认识和喜爱缂丝这一宝贵的文化遗产，并为其保护与发展作出贡献。

（作者单位：北京市文物交流中心）

① 庄绰，宋代泉州惠安人，字季裕。历官摄襄阳尉，又曾官于顺昌、澧州，及通判建昌军，知鄂州、筠州等。学有渊源，见闻广博，精医道，多识轶闻旧事。著有《鸡肋编》《杜集援证》《灸膏肓法》《筮法新仪》《本草蒙求》等。

② 朱缂法：宋代朱克柔创制的长短戗缂法的简称。朱克柔，中国宋代女缂丝工艺家。名强，字刚，生于宋宣和、绍兴年间，华亭县（今属上海市）人。她的缂丝作品题材广泛，有人物、树石、花鸟等，风格清淡古雅，形象生动，为一时之绝技。代表作品为缂丝《牡丹图》。

③ 沈子蕃，南宋缂丝名匠，出生于吴郡（今江苏省苏州市），祖籍定州孟家庄。沈子蕃的缂丝作品以书画为粉本，设色高雅古朴，生动传神，令人叹为观止。代表作有原清宫养心殿所藏花鸟图轴、重华宫沈子蕃缂丝梅雀图轴等，均为传世佳作。

参考文献

[1] 杨文华、李杨、孙杨主编《缂丝工艺教程》，太原：山西人民出版社，2023 年，第 76 ~ 115 页。

[2] 王晓艳：《中华寿文化之清代文物（上）》，《收藏家》2019 第 7 期。

[3] 赵汝珍著，赵菁编《古玩指南》，北京：金城出版社，2010 年，第 292 ~ 293、295 页。

锦绣缀香荷

浅析民间荷包的艺术特征及文化意蕴

程　扉

荷包是中国传统服饰中常见的配饰之一，也是民间配饰刺绣艺术特征的重要载体。从古至今，荷包作为传统民间配饰文化的物质载体，融合了历史文化、民俗信仰、审美情感等因素，表达与传承着中华民族特有的文化内涵。北京市文物交流中心（以下简称“中心”）所藏荷包数量众多、形制齐全且技艺精湛、纹样题材丰富，不仅具有美学功能，还有深远丰厚的历史文化价值，也是中国民间传统民俗文化的重要映射。本文将从荷包的历史演变、形制特征、刺绣技法、民俗内涵等方面，浅析民间荷包这一配饰所蕴含的艺术特征与文化意蕴。

一、荷包的历史源流

荷包，古时称为“佩囊”“荷囊”等，意为佩戴在腰间的囊袋。古代服饰并未出现用于储物的口袋结构，因此古人在外出时，多将钥匙、手帕、钱币、香料、珠宝等小件物品存放于荷包中，故荷包也有钱荷包、香荷包、烟荷包等分类称谓。从荷包的历史源流可以看出，其名称、形制以及使用方式随着朝代的更迭，也在发生变化。

目前虽未能断定荷包产生的年代，但根据文献记载，古人佩戴荷包的历史最早可追溯至春秋战国时期。《诗经·大雅》中曾有“乃裹糇粮，于橐于囊”的记载。有学者认为，“橐”与“囊”都是荷包的早期名称，形式为随身佩戴的口袋[①]。

在《礼记·内则》中对于荷包的记载也有“容臭”和“鞶”两种说法[②]。《内则》中记载：“男女未冠笄者，……皆佩容臭。”这里的容臭所指的便是存放香料的香囊。男女所佩荷包也有不同的材质类型，《内则》中也记载：“男鞶革，女鞶丝。”也就是说，男子佩戴的荷包为皮革制作，女子则佩戴丝绸荷包。目前早期荷包的实物遗存为战国时期新疆鄯善苏巴什古墓群 M7 墓中出土的长方形皮袋，该皮袋用羊皮制成，一端系有拴挂，长 6.7 、宽 3.7 厘米[③]。可见，在战国时期，人们已有佩戴荷包的习惯。

汉魏时期，随着中国纺织技术的兴起以及服饰刺绣工艺的普及，佩戴荷包这一风俗更加盛行，荷包的形制以及制作工艺也得到了提升。山东沂南一汉墓出土的画像石中就刻画了作为配饰出现的荷包，做工精致，荷包花边为刺绣工艺。除此之外，湖南马王堆一号汉墓中也出土了含有香料遗存的四件配饰香囊，是距今出土较早的香囊实物[④]。

南北朝时期，荷包有了相关的等级制度，成为佩戴者身份地位的象征。《隋书·礼仪志六》："北朝囊，二品以上金缕，三品金银缕，四品银缕，五品、六品彩缕，七、八、九品彩缕，兽爪。官无印绶者，并不合佩鞶囊及爪。"[⑤]此时，佩囊除了收纳、装饰之用，同样被赋予了一定的政治意味。

隋唐时期，人们以腰间的佩囊来区分不同的官位品级。陕西潼关高桥税村隋墓壁画中就描绘了隋朝官吏队伍饰以佩囊的场景。唐太宗时期，又出现了内置鱼符的"鱼囊"，同样象征着官位品级，鱼符用于记载官吏的姓名、官阶、俸禄等信息。在唐代包括壁画在内的绘画中，饰以佩囊的人物形象不在少数，如敦煌莫高窟158窟壁画《各国王子举哀图》以及阎立本《步辇图》中都有不少饰以佩囊的形象，说明随着经济的繁荣发展、各地文化交流密切，佩囊在唐代已经逐渐融入各地服饰文化之中。

直至宋元，"荷包"逐渐取代了佩囊、荷囊等旧称，更广泛地应用于日常生活与民俗礼节当中。不仅如此，荷包代表的阶级观念也在逐渐淡化，上至王公贵族，下至平民百姓皆可佩戴荷包。至此，荷包成为各级阶层的服装配饰，佩于腰间以盛小物。

明清以后，荷包的形制材质、样式类别、绣制工艺等方面皆得到了极大的发展，佩戴荷包也逐渐成了一种风尚，清宫中为此专门设立了荷包的生产机构，绣女们每年都需要制作大量的刺绣荷包以备宫廷使用。此时，除了实用性和美观性外，王公贵族更注重荷包的礼仪性，它象征着使用者或赏赐者的身份地位。而在民间，荷包的实用性及民俗文化价值则高于礼仪性，是民间民俗文化交流的物质载体，寄托着织绣者对生活美好愿景的情感表达。民国时期，荷包延续清代的形制与织绣工艺，以实用、美观的功能为主，刺绣图案多为中国传统吉祥纹样，极具民间风格审美特征与民俗文化意味。

二、中心藏荷包的形制特征

荷包的形制主要分为四个部分，分别为肩、囊、囊边以及饰物。其中肩为荷包开、封口的部分；囊为储物部分，分为正背两面，上面多绣以吉祥纹样；囊边为荷包的锁边部分；饰物为荷包上点缀的饰物，种类多样[⑥]。中心藏民间荷包数量众多、形制款式齐全、纹样题材丰富，荷包造型各异，有圆形、方形、葫芦形、鸡心形、如意形等等。从荷包功能用途来看，主要分为钱荷包、香荷包、褡裢荷包、烟荷包、套袋类荷包等，下面就中心藏民间荷包来分析其形制特征。

（一）钱荷包

钱荷包，主要用于放置钱币、银两等物品。荷包上端开口，正反两面都设有一荷包盖，荷包的正反两面及盖上皆有刺绣纹样。内里则使用较硬的纸板作衬，从而使囊身更加硬挺，整体形制由三个口袋构成，其正反两面的荷包盖内各有一个口袋，中间还设有一个夹层。佩戴此类荷包时，需要用带子穿过上部的两个端口，来系住另一端的穗子。中心所藏钱荷包造型中，上部分以方形为主，下摆则分为直角式（图1）、圆角式（图2）、入角式（图3）以及其他样式等。

图 1　打籽绣直角式钱荷包

图 2　网绣石榴纹圆角式钱荷包

图 3　拉锁绣冰梅纹入角式钱荷包

（二）香荷包

香荷包，或称“香囊”“香袋”，古时称为“容臭”。是一种用来盛放香料或草药的荷包，具有提神静心、驱邪避秽的作用。其造型以椭圆形、鸡心形为主，在囊袋内里填放香料等物，上方进行打褶收口，再用绳带绕着上方的褶子收口固定，囊袋正反两面皆饰以刺绣纹样，两侧缀以穗子装饰。佩戴时，香荷包通常以成对的形式搭配出现，其纹样图案及颜色工艺或相同或对称，一左一右，相得益彰，除了寓意吉祥，亦有象征身份地位的作用。此类荷包多作为亲友之间互相赠送的节庆礼品或为男女之间传达情意的信物，广泛流行于民间。中心所藏香荷包以椭圆形居多，垂坠的穗子上多缀以松石、玛瑙等装饰物，纹样造型别致。这对纳纱绣博古纹腰圆荷包（图 4）造型为椭圆形，收口处为风琴褶，皆采用了纳纱法绣以博古纹样，绣工均匀平整，两侧绳带皆缀以红色玛瑙装饰，造型别致。打籽绣花卉“寿”字纹荷包（图 5）造型则更为圆润，采用打籽绣以各色花卉、红色团寿纹、白色长寿纹为纹样题材，荷包上方绳带饰有绿松石，工艺精细。

（三）褡裢荷包

褡裢，又叫“褡袱”“褡包”，是一种常见的运物袋囊。褡裢荷包在形制上与褡裢无异，只是按照荷包的尺寸进行了缩小，其形制为长方形，在缎带两端各置一个储物口袋，且两侧口袋存有一定距离。佩戴时将荷包挂于腰间，两端从中间垂下，使两个口袋自然朝外。此类荷包通常用于收纳小镜子、怀表等物品。此类荷包上的双侧口袋造型丰富，中心所藏此类荷包的造型多为直角式（图 6），也出现了圆角式（图 7）与如意式（图 8）等造型。袋面多用刺绣、贴布、珠绣等工艺进行装饰，或加以穗子进行点缀。

（四）烟荷包

烟荷包，为存放烟草制品的袋子。此类荷包

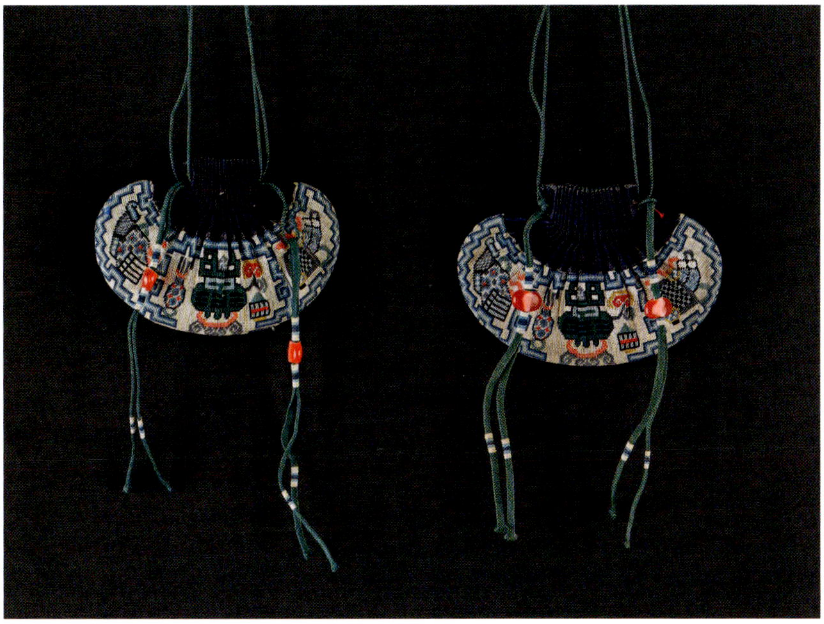

图 4　纳纱绣博古纹腰圆荷包

图 5　打籽绣花卉“寿”字纹腰圆荷包

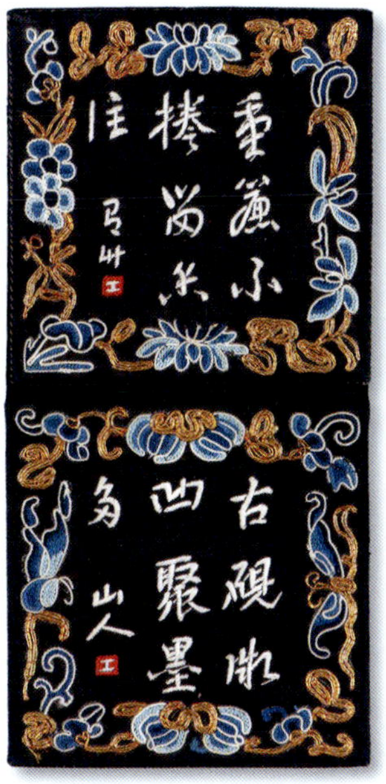

图 6　打籽绣直角式褡裢荷包

图 7　平绣圆角式褡裢荷包

图 8　锁绣如意式褡裢荷包

多为男性佩戴，或别于腰间，或与烟杆一同随身携带，既能保护烟草受潮变质，又能表示佩戴者的身份地位。烟荷包上端开口，由囊袋与绳带两部分构成，常见轮廓形制以葫芦与如意最为普遍，囊袋两面多绣有吉祥图案，一般多为母为子做，妻为夫做，或为赠予心上人的爱情信物，以表制作者的睹物相思之情。《竹枝词》中曾云：“为盛烟叶淡巴菰，做得荷包各式殊。未识何人传妙制，家家依样画葫芦。”可见葫芦形烟荷包的流行程度。中心所藏烟荷包多为葫芦形（图 9、图 10），因与“福禄”谐音，造型又圆润多籽，故民间视此形制为寓意福禄富贵、多子多福的吉祥之物。

图 9　拉锁绣梅花纹葫芦形烟荷包

图 10　拉锁绣葫芦形烟荷包

图 11　如意式盘金绣扇套

图 12　纳纱绣眼镜套

图 13　拉锁绣花卉纹扳指套

图 14　两折式平绣名片夹

（五）套袋类荷包

除上述荷包类型外，扇套、眼镜盒、扳指套、名片夹等均为套袋式荷包（图 11～图14），在中心藏品中皆有出现。扇套，也称“扇袋”，造型多为长方形或如意式，顶端开口，开口处两端系有装饰绳带，多为男子佩戴，挂于腰间，彰显儒雅之风；眼镜盒作为腰间配饰，也有凸显身份、以示文雅的象征，一般由硬木为胚，里外衬布，其造型多为长方形或椭圆形，盒外两端分别系有绳带或坠穗，以便随身携带；扳指套一般尺寸较小，造型呈圆柱体样式，上端开盖，方便扳指的拿取与存放，套外上端系有绳带便于佩戴，下端系有坠穗；名片夹，又称“折包”“书信夹”等，是一种多折式荷包，分为一折、两折、三折或多折，用于收纳银票、书信、名帖、字据等与纸张有关的物品，便于随身携带，在民间商业人群中广为流行。

三、中心藏荷包的刺绣工艺

荷包是中国传统服饰文化中的重要组成部分，也是民间服装配饰中织绣技艺的重要体现。通过刺绣工艺与纹样图案、色彩搭配的结合，能够更好地解读出荷包所表达与蕴含的民俗文化内涵。从中心藏荷包刺绣技法来看，采用平针绣、拉锁绣、打籽绣、纳纱绣等较为普遍，除此之外还有网绣、珠子绣、盘金绣等，根据不同的刺绣技法表现出所需的装饰内容与艺术效果。

平针绣，也叫“齐针”“直针”，是中国古代刺绣中最基本的针法之一，始于西汉，唐中期后逐渐流行。刺绣时将针线排列平直，起落针不重叠交错，均表现在纹样的轮廓边缘，从而形成各式纹样。在众多刺绣技法中，平针绣的使用范围最大，易于表现纹样形态特点，具有绣面平整、绣迹均匀、流畅的艺术装饰效果。中心所藏的两折式平绣花卉古诗纹名片夹（图 15）为单面刺绣荷包，左下粉色素缎上绣以平针莲花纹样，右边部分以蓝色缎为地平针绣以诗歌纹样，绣工流畅自然。

拉锁绣，又称“挽针绣”，主要兴盛于明清时期。因其绣线结构为立体的绕圈效果，形似拉锁，故而得名。刺绣时，先绣一段回针绣，再用另一线在回针绣的线上绕圈穿过。这件拉锁绣博古纹圆荷包（图 16）正面以深红色素缎为地，采用拉锁绣法绣以文人四友等器物纹样，针法整齐精致，纹样扎实紧密，富有装饰趣味。

纳纱绣，也叫“打点”“斜一丝”“一丝串”，其技法与戳纱较为类似。采用纱或其他平纹织物为地料，在每个经纬线上各扣绕一针，形成纹样。多为满绣，形成的纹样较为细腻且结构牢固，一般不露地。这件纳纱绣“寿”字纹褡裢荷包（图 17）整体采用纳纱工艺，绣面为满绣不露地，绣线颜色鲜明，绣制出的“寿”字纹样精美细腻，整体针法规律匀整，结构致密牢固。

打籽绣，又称“结籽”“圈子针”，绣法由锁绣发展形成，自汉以后较为普遍。刺绣时，将绣线在针上绕一圈，在近原眼处落针后拉紧，后形成环状小结，即为一籽。打籽绣以多籽排列构成纹样，既可成线，又可成面，在技法上亦有“满地”与“露地”之分。此绣法虽复杂且较费工时，却更好地表达出纹样的肌理感，给人以饱满立体、独特细致之感。中心藏打籽绣花卉纹圆荷包（图 18）整体采用了打籽绣法，正面满绣以牡丹花卉纹样，配色鲜明，且每籽针法均匀一致且排列有序，使得荷包纹样极具美观感与立体感。

网绣的刺绣技法，也称“格锦”“编绣”等，刺绣时需将针线有规律地来回交织形成网状纹理，从而形成网绣纹样。网绣也常与其他

图 15　两折式平绣花卉古诗纹名片夹

图 16　拉锁绣博古纹圆荷包

图 17　纳纱绣“寿”字纹褡裢荷包

图 18　打籽绣花卉纹圆荷包

图 19　网绣花卉纹钱荷包

图 20　珠子绣蝴蝶纹圆荷包

图 21　盘金绣博古纹圆荷包

绣法组合出现，形成独特的纹理效果与其他吉祥纹样进行搭配。以中心所藏网绣花卉纹钱荷包（图 19）为例，荷包整体使用黑色绣线有规律地绣制了连续相压的几何网状纹样，荷包盖为网状“卍”字纹样，中部绣制平针莲花纹样与之搭配出现，荷包正面为网状花卉纹样，结构变化有规律，轮廓层次清晰，使得荷包纹样更加美观舒适。

珠子绣，也叫“缀珠绣”。将大小各异的珠子穿缀成纹样饰于荷包。其中用丝线穿成串的小珠子用于构建轮廓或纹样填充，再用钉线法将其固定，大珠子或异形珠则用于直接构建纹样或点缀。这件中心藏珠子绣蝴蝶纹圆荷包（图 20）正面以蓝缎为地，上方的蝴蝶纹样便是采用缀珠工艺绣制而成，纹样饱满灵动，色彩丰富晶莹华丽，极具美感。

盘金绣，又称“钉金绣”。盘金绣所使用的金线多为“包金”，在丝线外缠绕金箔捻成金线。刺绣时，将金线盘与纹样轮廓再钉线固定，即为盘金。荷包中，多见以双股金线来构建纹样轮廓，再用细线将其固定的刺绣技法。以中心藏这件盘金绣博古纹圆荷包为例（图 21），红色缎地上的博古纹样由打籽绣和盘金绣两种绣法工艺绣成，其中纹样主体为三蓝打籽绣，又加以盘金绣作为点缀，将金线盘成所需纹样再用红色绣线固定于绣面，如此组合而成的纹样赋予了荷包更加丰富的色彩与层次变化，精致而生动。

四、荷包的民俗内涵

荷包经过千百年的传承与发展，凝结了万千劳动人民的勤劳与智慧。不仅形制变化多样丰富，其制作工艺也逐渐纷繁复杂，在民间服装配饰体系中占有较大比重，除使用功能之外，兼具了身份标识与审美价值，也成为日常生活中表达情感、传递祈福的一种载体。无论是男女之间感情的表达，还是馈赠亲友的美好祝愿，或是传统节日中的辟邪求吉，其中蕴含的主题寓意往往与中国民间传统社会和民俗文化相关，结合荷包的形制造型、刺绣工艺等装饰手法可更好地解读其中的文化内涵。

（一）爱情信物

有的人将美好的爱情赋予荷包之中，将其作为传递情感的重要媒介。荷包刺绣是民间传统女红的重要内容，也是女红文化的重要缩影。在民间，荷包常作为男女之间定情的信物，也是民间女子表达情感的重要方式，如未出嫁的年轻女子为自己的意中人绣制荷包，以表对美好爱情与婚姻的向往和追求；妻子为在外的丈夫绣制荷包，来表达思念与忠贞美好的感情。通过荷包造型、纹样、色彩等不同的设计，创作出象征美好爱情的荷包，在闺中绣制荷包，一针一线皆饱含爱意，多寓有喜结连理、幸福美满之意。小小荷包，却承载与传递着真挚、纯粹的感情，这是民间女子最为普遍、最为直接的情感表达方式之一。

（二）情感寄托

有的人将情感的表达寄托于荷包之中，来传递祈福与祝愿。荷包是朋友亲人之间表达美好祝愿的馈赠礼品，也是婚庆嫁娶中不可或缺的礼物。将寓意吉祥的荷包赠予新婚夫妻，表达着期盼新人能够婚姻幸福美满、子孙满堂的美好愿景。庆贺孩童诞辰，长辈则要送绣有老虎纹样的瑞兽荷包。民间认为，吉祥瑞兽可保孩子健康成长，老虎是兽中之王，是勇敢和强大的象征，可以辟邪纳祥；家中学子考取功名时，亲人好友要绣制“连中三元”“状元及第”等内容的荷包，来祝愿孩子一举夺魁，学业有成；母亲给出门在外的游子绣制荷包，以保平安，期盼孩子能够早日归来；晚辈为长辈祝寿时，则要送“福”“寿”等题材的荷包，以希望老人可以健康长寿、福气吉祥等。荷包作为亲朋之间表达美好祝愿的媒介，可以帮助人们更好地交流与增进感情，具有不同于语言祝福的特殊意味。

（三）心灵慰藉

有的人将驱灾避邪、祈求平安的愿望融入荷包之中，以寻求心灵上的慰藉。在民间，端午节有着佩戴荷包的传统习俗。旧时，人们普遍认为五月是“毒月”，五日是“毒日”，人们要在五月五日这一天来辟邪求吉，而端午时节佩戴于身上的香囊，就起到了避邪驱瘟、祈求平安的作用。囊身多绣有“五毒” 纹样，内里装入雄黄、艾叶、菖蒲等中草药或香料，也是有五毒不侵、平安健康的寓意。反映了当时人们热爱生命、渴望健康的精神寄托，及对美好生活的追求与向往。民间信仰与民间风俗所传达的是一种特有的文化内涵与民俗情感，将荷包与传统节日联系在一起，表达了民间群体最广泛、最朴实、最基本的心理诉求，简单而深刻，美好而永恒。

五、结语

荷包作为民间服饰中重要的组成部分，不仅具有载物功能、审美及艺术价值，更是中国特色民俗文化内涵的重要载体。中心所藏荷包众多，它们承载着历史，展现了传统刺绣工艺的精巧，诉说着民间的生活趣味。从历史性来看，荷包由来已久且应用广泛，根据佩戴者身份与用途的不同，荷包也逐渐演变为不同的表现形式。从刺绣工艺来看，荷包的装饰工艺展现出古代匠人精湛的刺绣技法，不仅体现在艺术价值中，也传递出了刺绣中承载的勤劳与智慧。从民俗内涵来看，荷包的创作源泉来自民间情感的表达，通过小小的一枚荷包，实现了情感的抒发与自我价值的创造，体现出民间独特的审美意识与中华民族特有的精神文化内涵。

（作者单位：北京考古遗址博物馆）

① 段改芳：《漫谈民间绣荷包》，《民艺》2022 年第 4 期，第 80 页。

② 高星：《清代及民国时期荷包装饰研究》，北京服装学院硕士学位论文，2019 年，第 7 页。

③ 柳洪亮：《新疆鄯善县苏巴什古墓群的新发现》，《考古》1988 年第 5 期，第 505 页。

④ 王树金、董鲜艳、陈谷苗：《马王堆汉墓出土香囊的探究》，《丝绸》2011 年第 9 期，第 58 页。

⑤（唐）魏徵：《隋书》卷 11，北京：中华书局，1973 年。

⑥ 翁芳娜、王建芳：《清代荷包造型特点与纹样艺术研究》，《大众文艺》2019 年第 22 期，第 54 页。

如饰吉祥

民间传统刺绣纹样赏析

程　扉

中国素来有“丝绸大国”的美誉，中国纺织的漫长发展史也造就了其相对稳定的技艺手法与审美体系。民间传统刺绣纹样的发展与变化吸纳了历朝历代传承的纹样基础，更强调“图必有意，意必吉祥”，其纹样的装饰性、艺术性及文化性更具有鲜明特征。

吉祥，预示好运之征兆，有祥瑞之意。人类自古便在绣品中刻画出远古图腾、神话传说、自然物象等内容，来表达祈福纳吉、驱邪避灾的希望与寄托。而民间传统服饰刺绣中，则更多借以飞禽走兽、花鸟鱼虫、具象器物、人物故事等，进行比喻与想象来刻画创作题材，通过不同的纹样组合与创作形态赋予其更深层次的寓意与追求，表现情感与其赋予的吉祥象征意义。

我国民间传统刺绣纹样形式多样、种类繁杂，其独特的纹样造型内容丰富，既可独立出现，也可组合出现在服饰中，使传统服饰在其实用性外，更多地增添了装饰性、艺术性与文化意蕴。作为服饰中的重要组成部分，民间传统刺绣纹样既兼顾美学功能、承载民间传统文化，又侧面反映了中国民间女性的自主审美意识，以及当时社会人们祈求如意吉祥、幸福平安的美好愿望。本文从北京市文物交流中心（以下简称“中心”）所藏民间传统服饰刺绣出发，赏析不同纹样中承载的吉祥寓意与文化意蕴。

一、植物纹样

植物纹样在中国是较早出现的装饰纹样，也是民间传统刺绣中具有代表性的纹样之一。像牡丹、莲花、梅、兰、竹、菊等，都是民间刺绣的常用题材。其中花卉与植物藤蔓的组合为最常见的表现形式，除此之外，也可与其他动植物纹、文字等进行搭配。通过对植物花卉的联想与类比，抑或谐音的组合形式，甚至运用夸张的表现手法，将服饰中的刺绣纹样赋予独特的文化意蕴，来表达与追求美好的愿望和寄托，以下选取中心所藏的具有代表性的植物花卉纹样进行分析。

牡丹被誉为中国的“国花”之一，因其绚丽明艳的色泽、富丽饱满的形态深受大众的美誉，牡丹纹（图 1）更是作为吉祥图案流行于民间的服饰刺绣中。牡丹，本有华丽、富贵之意，与其他纹样进行搭配后，赋予了更多不同的含义。如牡丹与缠枝，舒展的藤蔓寓有绵延、欣欣向荣之意，象征着“富贵连连”。民间嫁娶时，多用牡丹与白头翁的组合纹样来祝福新婚夫妻，寓意“富

图 1　打籽绣牡丹纹

图 2　平绣莲花纹

图 3　拉锁绣梅花纹

图 4　贴绫绣兰花纹

图 5　平绣竹纹

图 6　平绣菊花纹

贵白头”；牡丹与佛手、桃子和石榴组成的纹样，也表达了对新人白头偕老、多子多福的祝愿。

莲花，因其清丽的外形，幽香的气质与其出淤泥而不染的圣洁品德为世人所喜爱。古往今来，人们把莲花视作纯洁、吉祥的一种花卉。在民间服饰中，莲花纹样多与莲蓬、莲藕组合形成装饰纹样（图 2），也是多子多福、子孙绵延的象征。莲花与鱼组合而成的纹样，因“莲”与“连”谐音、“鱼”与“余”谐音，则有“连年有余”之意。

“四君子”纹（图 3 ~ 图 6）也在民间刺绣中广泛应用。梅花，盛开于岁末年初，有报春迎福之意，又因其在冬天盛开，不畏严寒，在许多文人墨客笔下寓有品质高洁的象征意义；兰花，生于幽谷之中，形状纤细、状态飘逸，清香淡雅、临风摇曳，有典雅、坚贞之意；竹，为长青之物。其形态修长、挺拔，并且质地坚硬，代表着坚韧不屈与顽强的生命力；菊花，则有着健康、长寿的美好寓意，人们常把菊花与其他纹样进行搭配，寓意长寿与吉祥，若与“万”字组合成纹样，则有“万寿”之意。

二、瓜果纹样

瓜果类植物的吉祥寓意与中国古代农耕文明的不断发展密不可分。人类通过农业劳动获取果实，逐渐地将具象的劳动果实赋予了祈求美好生活的文化意蕴。通过不同果实的特点来描绘、比喻不同的吉祥寓意，表达渴望美好生活的愿景。中心所藏服饰刺绣中，瓜果纹样题材多选用石榴、

图 7　网绣石榴纹

图 8　锁绣葡萄纹

图 9　拉锁绣寿桃纹

图 10　平绣葫芦纹

图 11　拉锁绣绵绵瓜瓞纹

图 12　平绣“连中三元”纹

桃子、葫芦、瓜类等植物果实。

石榴纹样（图 7）的刻画多数露出果实，其寓意也和果实数量一样，表达多子多福，也有团圆、和睦之意。葡萄与石榴相似，果实数量多且排列紧密，其纹样（图 8）同样表达了人丁兴旺、美好和睦之意。桃是原产于我国的本土植物，而关于桃子的说法也有很多。传说中桃子是长生之果，所以人们也称桃子为寿桃。桃纹（图 9）表现在服饰中更多寓意长寿，表达了希望能够延年益寿的期望。葫芦纹样（图 10）常与缠枝花卉进行搭配出现，以圆润多籽、枝茎蔓延的形象构成吉祥纹样图案，有祈求子女福禄富贵、阖家欢乐的意蕴，巧妙且含蓄地表达人们对于美好现实生活的祈盼。《诗经 · 大雅 · 绵》中曾这样形容瓜类：“绵绵瓜瓞，民之初生，自土沮漆。”也就是说，历史如同藤蔓上的瓜果一样绵延传承，所以民间常以瓜类纹样（图 11）来形容子孙后代繁荣昌盛、传承久远。

荔枝中的“荔”与“利”字谐音，寓意着吉利与顺利。旧时科举考试分为乡试、会试、殿试，三场考试中的第一名分别为解元、会元和状元，若三场考试均拔得头筹，则称为“连中三元”。在此纹样题材中，人们常用荔枝、桂圆、核桃三种圆形果实组合成吉祥图案“连中三元”（图 12），期盼应试考生能够学业有成、如愿考取功名。

三、动物纹样

动物纹样也是较为常见的民间刺绣纹样，品类丰富，多以家畜、禽类、昆虫与其他野生动物为主。在当时社会，人们会依据各种动物不同的生态属性、生活习性，或用发音、谐音等方式来赋予纹样不同的含义，动物纹样通常会与不同的植物花卉纹样组合出现，以下为中心服饰刺绣中出现的特色动物纹样。

兔子作为吉祥纹样（图 13）所蕴含的文化寓意，主要有三种：一，兔子谐音“吐子”，又因具有很强繁殖能力，被世人视为多子多孙、家族兴旺的象征；二，从汉代马王堆出土的帛画中，可以看到银月上出现的蟾蜍与玉兔。也就是说，汉代的人们就把兔子与月亮联系在一起，并且赋予了美满祥瑞、幸福团圆等众多美好寓意；三，“玉兔捣药”这一题材也常出现在服饰刺绣中，古人认为，兔子具有识草辨药的能力。所以，兔子与草药的结合则表达了希望能够百病不生、健康长寿的美好祝愿。

鸟纹也是一种传统纹样，常与其他题材组合来寓意吉祥，其中花鸟纹的组合最为常见。民间传说鹊能报喜，故称喜鹊。清代之后，喜鹊纹饰广为流传，其中尤以喜鹊登梅纹（图 14）较常见。“梅”与“眉”同音，因此喜鹊飞上梅花枝头有喜上眉梢、福气好运到来的含义。

蝴蝶，其绚丽的颜色和花纹造型，给人无尽的想象空间，有着诸多美好的意蕴。又因“蝴”与“福”谐音，蝴蝶也被赋予了吉祥的意义。从庄周梦蝶到梁祝化蝶，蝴蝶在我国民间往往也代表着美好、纯洁的爱情。民间刺绣中蝴蝶纹（图 15）精致华丽，品类多元丰富，其纹样整体多为对称或成对出现。若配以花卉纹样，通常象征着“蝶恋花”的美好寓意，与牡丹组成吉祥纹样，还代表着“富贵蝶来”。

蝉是一种非常古老的昆虫，古人对蝉的观察细致入微，发现了蝉居高饮露水这一现象，并赋予了它特殊的内涵，认为蝉有饮食清洁、不食人间烟火之意。蝉纹（图 16）在服饰作品中，则象

图 13　平绣兔子纹

图 14　平绣喜鹊登梅纹

图 15　平绣蝴蝶纹

图 16　拉锁绣蝉形纹

图 17　平绣虎镇五毒纹

图 18　拉锁绣鱼跃龙门纹

图 19　平绣蝙蝠纹

征着人们渴望高尚、纯洁的品德，祈求美好生活的寓意。其二，蝉还象征着复生之意。古人会把蝉成蛹以及羽化的生命周期认作复活与永生，因此，蝉纹亦有生命的延续及轮回的独特寓意。

在民间传统动物纹样中，虎纹的运用也较为广泛。老虎为百兽之王，象征着自信、强大，其强壮的外形加上额头上“王”的字样，也有辟邪、求吉之意。在民间，人们会制作虎头帽、虎头枕，或者将老虎的形象绣制在孩童的服装上，以此期望孩子可以健康、平安。除此之外，老虎与五毒的组合也常被运用到传统刺绣当中，五毒即毒蛇、蝎子、蜈蚣、蟾蜍、壁虎，民间习惯将五毒作为所有害虫的代称，每逢五月初五，民间妇女便会给孩子穿上绣有“虎镇五毒”纹样（图 17）的服饰，以此来求吉避瘟，希望能够驱疫消灾，祈求平安健康。

鱼纹是较为经典的动物纹样。众所周知，鱼具有很强的繁殖能力，象征着多子多福、生机勃勃。在民间，鱼因与“余”发音相同，所以鱼纹也有着年年有余的吉祥意义。在民间，鱼纹多与龙纹进行组合，呈现出鱼跃龙门的吉祥纹样（图 18）。鱼跃过龙门便化身为龙，在旧时常表示为中举或升官发财等喜事，寓意生活、学业、事业能够更上一层楼。

蝙蝠作为中国传统纹样发展历史悠久，且具有多元意蕴。因“蝠”与“福”同音，蝙蝠常被喻为福气的象征。另外，《抱朴子》中记载：“千岁蝙蝠，色如白雪，集则倒悬，脑重故也。此物得而阴干末服之，令人寿万岁。”由此可知，古人认为蝙蝠寿达千岁，并且可使人长寿。民间刺绣中的蝙蝠纹（图 19）常与其他题材组合出现，如五只蝙蝠与“寿”字的组合，寓意“五福捧寿”；蝙蝠、寿桃与铜钱的组合，象征着福寿双全；蝙蝠、“寿”字与盘长的组合，则为福寿绵长等等。

四、器物纹样

器物，顾名思义，指的是器具、物件的意思。器物纹样则是由各类器具、物件所刻画的纹样，中国古代器物多制作精美、形态经典，而器物纹样在精美的艺术价值之上，更添加了其吉祥寓意。器物纹样作为传统刺绣吉祥纹样之一，常结合吉祥术语、故事传说等题材，用比喻、双关等创作表现手法，更好地呈现出纹样的吉祥寓意，表达着人们追求美好的愿望，下面以中心服饰刺绣中所见的常见器物纹样展开分析。

花瓶，作为常见的装饰品和实用器物运用于刺绣纹样中，也被赋予了独特的文化内涵。在中国传统文化中，因“瓶”与“平”同音，花瓶成了民间公认寓意吉祥的生活器物，被视为平安、吉祥的象征。服饰刺绣中的花瓶纹（图 20）常搭配其他元素组合出现，如花瓶中插牡丹的纹样寓意平安富贵；与如意组合，寓意平安如意；与祥云结合，则象征着平步青云之意。

花篮作为吉庆礼品，在民间庆典活动中很受欢迎，花篮常用竹篾、柳条、藤条等材料制作而成，也有添加金玉等贵重材料来装饰制作的。花篮纹（图 21）作为一种极富特色的传统吉祥纹样，常出现在服饰刺绣中，用装满鲜花的花篮纹来表示吉祥、庆贺之意，象征着美丽、吉祥与美好的祝愿。

古人对于花篮纹的使用，除其吉庆与礼仪的功用之外，还与暗八仙之一有关。暗八仙纹（图 22）是中国古代经典器物纹样之一，包括了渔鼓、宝剑、花篮、葫芦、紫金箫、扇子、荷花、笏板，八种法器则是属于八仙张果老、吕洞宾、蓝采和、铁拐李、韩湘子、汉钟离、何仙姑、曹国舅。八仙指明八仙，他们各自的代表法器则为暗八仙，是颇具道家特色的符号纹样。在民间，暗八仙纹具有祈福消灾、祈求平安如意、长寿吉祥之意，寄托了民间百姓对于美好生活的祝愿。

铜钱纹（图 23）是一种以古钱币为题材所创作的吉祥纹样，常出现在民间刺绣作品中，具有很强的装饰性和文化意蕴。这类钱币纹样圆圈中多刻画为内向弧形方格，可以单独一枚，也可以多枚串联出现，多作为辅助装饰与其他纹样组合出现。铜钱作为财富的象征，有着招财进宝之意，尤其受到从商人群的喜爱，表达了渴望发财致富、过上大富大贵生活的愿望。

博古纹也是传统吉祥纹样的一种，“博古”有“通晓古事古物”之意，博古纹（图 24）是对

图 20　拉锁绣花瓶纹

图 21　打籽绣花篮纹

图 22　拉锁绣暗八仙纹

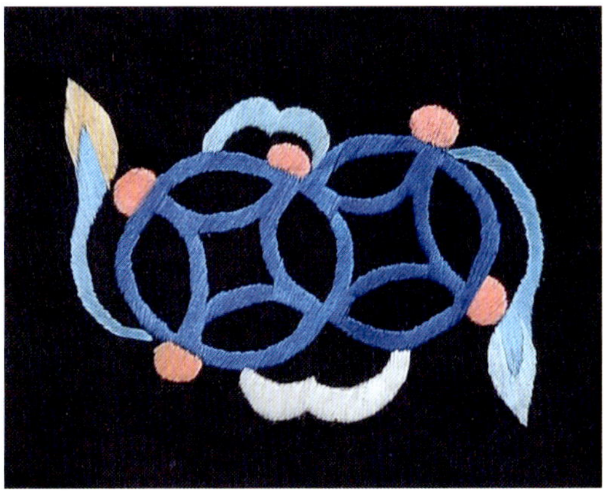

图 23　平绣铜钱纹

图 24　纳纱绣博古纹

于中国古代器物的刻画，像鼎、尊、瓷器、玉器、书画等均可被作为纹样题材。此类器物纹样通常不独立出现，以多件器物组合的形式居多，既富有艺术审美价值，又讲究吉祥且寓意深刻，有博古通今、高洁清雅之意。

五、人物纹样

在民间刺绣中，人物题材作为装饰性吉祥纹样所表达的形式较为直观，但也蕴含着丰富的内涵意义。从民间刺绣中所表达的人物纹样来看，多以民间传说、历史典故、生活场景等为主要题材，刻画人物生动、有趣，通过借喻、象征等手法，表达了当时人们对于平安、美好生活的向往寓意，这里选取中心藏服饰刺绣中常见的人物纹样类型进行分析。

中国的民间传说作为吉祥纹样，在服饰刺绣中应用较为广泛。常见神话传说的题材有“刘海戏金蟾”“麒麟送子”“八仙祝寿纹样”等等。其中，“刘海戏金蟾”（图 25）的纹样表现为一童子以绳穿钱，在戏钓金蝉，寓意财源兴旺，吉祥美好。这出自道家的典故，刘海，原名刘操，传说是道教全真道北五祖之一，道号为“海蟾子”。他的形象多表现为手撒金钱的蓬发少年，据传说可以为世人带来财富，在民间被尊为福神。民间流行的“麒麟送子”（图 26）这一典故也是吉祥、子嗣的象征，中国民间认为麒麟为仁义之兽，能为人带来子嗣，这一吉祥纹样表达了当时人们渴望早得贵子、家庭幸福美满之意。

“汉高祖斩白蛇”（图 27）是以历史典故为题材的纹样，在民间服饰纹样中多有出现。“汉高祖斩白蛇”是刘邦建立汉朝之前的历史典故，民间百姓把这样一个富有传奇色彩的历史故事刻画成纹样绣在刺绣作品中，表达了当时人们渴望拥有勇气和抗争精神，激励着人们追求正义、自由的理想信念。刺绣纹样中常见的还有“鹿乳奉亲”“卧冰求鲤”等具有教育与象征意义的历史典故。

在民间刺绣的人物纹样中，以生活场景为主题的纹样也多有出现。民间女子会在刺绣中刻画出自己向往、憧憬的美好生活，多以男耕女织、夫妻好合、衣锦还乡等生活类题材为主。其中男耕女织的纹样代表了当时人们对于悠然平淡、合家美满幸福生活的向往，以夫妻好合为主题的纹样（图 28）则象征着夫妻情投意合、感情融洽，表达出人们对于幸福美满生活的向往。

图 25　拉锁绣刘海戏金蟾纹

图 26　平绣麒麟送子纹

图 27　平绣汉高祖斩白蛇纹

图 28　平绣夫妻好合纹

六、文字纹样

文字作为纹样题材，往往能够最简单、直接地表达其中意蕴。在服饰刺绣中，“福”字、“寿”字、“囍”字等都是常见的吉祥元素，亦有文人雅士将诗歌或其他吉祥用语作为纹样，以抒发文字中所蕴含的情怀，以上类型在中心藏服饰刺绣纹样中皆有出现。

“福”字是汉语中最为喜庆、吉祥、美好的文字，其包含的美好寓意使其成为中国民间吉庆场合最常用的吉祥文字之一。在民间，百姓对“福”字的喜爱首要表现在春节贴“福”字这一行为上，寄托着人们希望福气迎春、福星高照的美好愿望。“福”字纹（图 29）作为刺绣装饰纹样，同样表达了人们祈求福运与福气、期盼和谐美满的生活之意。

“寿”字有着长寿、长久之意，以“寿”字为题材刻画的吉祥纹样常出现在祝寿、庆贺等场合当中，寄予了健康长寿、福寿双全的美好愿望。“寿”字纹（图 30）也常以不同字形作为吉祥纹样题材出现在刺绣中，其中“长寿”的四角向外飞扬形成长形“寿”字，寓意健康长久；“团寿”则外轮廓为圆形的“寿”字，有着长寿圆满之意；“花寿”是以花卉和“寿”字组合而成的纹样图案，在寓意长寿的基础上增添了富贵与吉祥。

“囍”字纹样（图 31），又称双喜纹，象征着双喜临门，有喜上加喜之意。与“寿”字一样，纹饰中的“囍”字也有不同的字形变换，或为方形，或为圆形，又或加以花卉来表达喜悦之情，多用于婚礼嫁娶的刺绣装饰中。

吉祥用语往往表达百姓最为淳朴的追求与向往，而以古诗文作为装饰纹样的做法也比较常见，将寓意深刻的诗文装饰在刺绣中，既作为一种期望与激励，又是一种自我约束。“芝兰君子性，松柏古人心”（图 32）是以芝兰来比喻君子的性格，以松柏比喻古朴之人的内心，表达了民间百姓希望拥有芝兰与松柏一样的高雅品性与坚定的意志的美好愿望；“只在此山中，云深不知处”（图 33）则是借由诗文的惆怅之情，表达了对归隐山林的向往追求，对自由生活的美好愿望。

图 29　拉锁绣瓜果“福”字纹

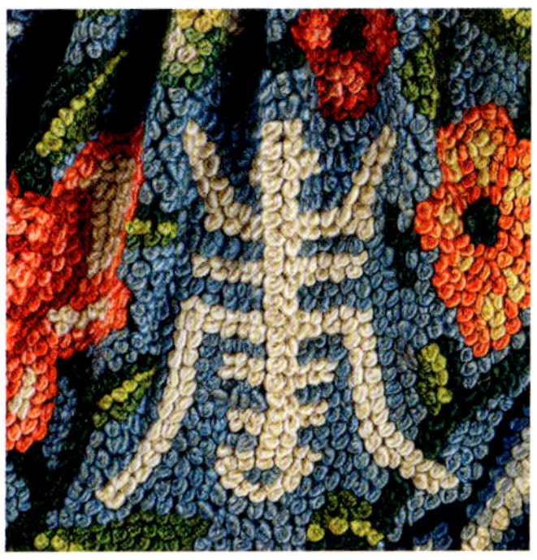

图 30　打籽绣花卉长寿纹

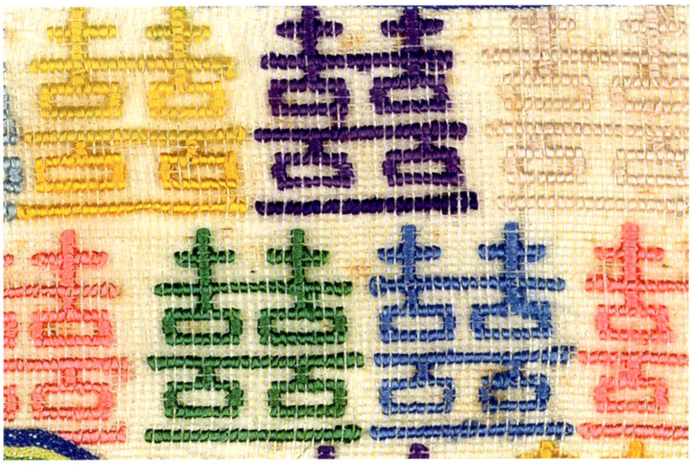

图 31　戳纱绣“囍”字纹

七、结语

民间传统刺绣作为一种装饰手法，其纹样的背后更多的是人类情感的表达。这些吉祥纹样经过长期的社会活动逐渐形成，从自然现象、生态特征、具象事物、人物故事等题材而来，加以民间百姓质朴、独特的创作灵感，表达与记述了极具民间情感的吉祥符号。中心所藏服饰刺绣纹样涵盖了植物、瓜果、动物、器物、人物、文字等内容，且表现手法多样，无一不映射在民间生产生活的衣食住行、节庆寿诞、

图 32　平绣古诗纹

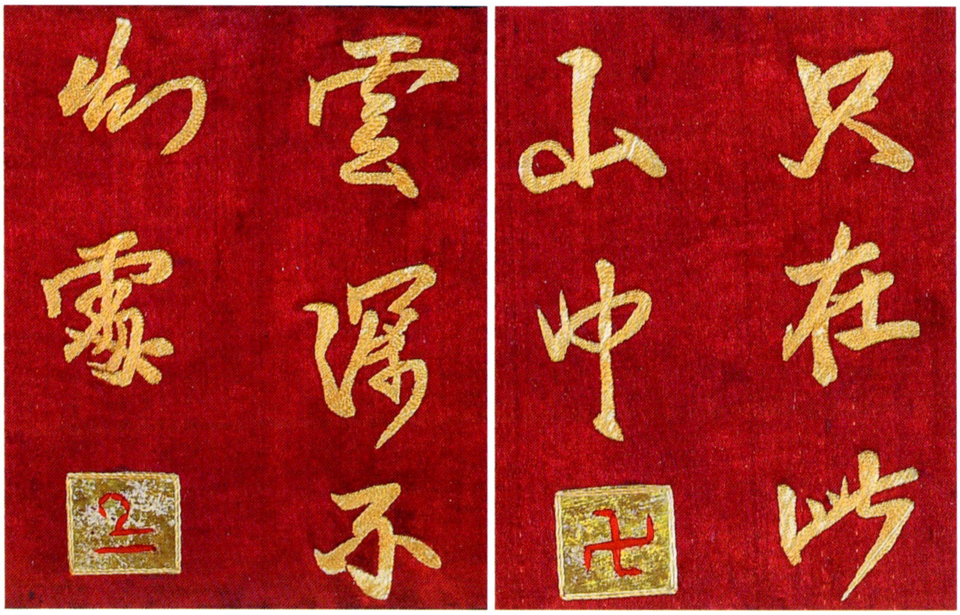

图 33　平绣古诗纹

嫁娶生育当中。透过这些吉祥纹样来解读寓意，不同纹样的文化意蕴中包含了民间传统文化中独特的情感因素，无一不体现着人们对美好生活的追求与向往，以及对吉祥的期盼。直至今日，这份美好与吉祥也依旧在延续。

（作者单位：北京考古遗址博物馆）

祝寿贺喜，从“衣”而终

从丝织品浅析祝寿贺喜文化

秦　露

在人们把玩各种古玩或老物件时，不难发现其中很多都和“福寿”“贺喜”题材相关。从书画瓷器上的画片祝寿图、贺喜图，到玉器手把件上的“寿”字图案、“喜”字图案等，无不体现着人们的祝寿贺喜文化。中国传统的寿文化与喜文化，是中国传统文化的重要组成部分，也是中国民俗的重要内容。祝寿贺喜文化在我国很早就存在了，传说在尧的时代，华山封人就曾向尧祝寿，这是对长辈的祝寿，祝福他健康长寿、青春永驻。到南北朝时，普通人中也渐渐流行起了过生日、贺寿的习俗。到了唐朝，祝贺成人生日、恭贺喜事的习俗就已经很流行了，史料记载，唐太宗生日时，宴会百官，臣下上表把皇帝生日这一天定为千秋节，并且有天赐喜、天佑喜、民间惊喜、抬头见喜之说，后又有金榜题名、久旱逢甘霖、洞房花烛夜、升官又晋爵、他乡遇故等被称为“八喜”。而与人们息息相关，衣食住行中排在第一位的“衣”同样映衬着人们从古至今保留下来的祝寿贺喜文化。人们将各种寓意美满、喜庆吉利的画片与故事缝制在必不可少的着装与丝织品装饰上，希望借此来增添喜气与福寿。祝寿贺喜之事在人们生活中交相辉映，仿佛演绎着一幕幕生动的话剧，也反映了生产力的发展与繁荣。

一、丝织品的寿喜纹样

（一）动物纹样

中国传统文化中常常选取龙、凤、蝴蝶等带有神话传说或美好形象的动物形象来比喻喜事。“龙凤呈祥”一词出自《孔丛子·记问》中的“天子布德，将致太平，则麟凤龟龙先为之呈祥”，意指吉庆之事，所以龙凤纹常常代表帝后成亲的喜事纹样。蝙蝠与“福”同音，是福气的代表，最常见的是周围五只蝙蝠围成一个圈，中间是变形体的“寿”字，这便是“五福捧寿”，在贺寿题材中应用广泛（图 1）。

古人常以猫、蝶谐音“耄耋”寓有祝贺长寿之意。“耄”和“耋”都是对老年人的特称，六十花甲，七十古稀，八十耄耋，“耄耋”指八九十岁的年纪，泛指老年。“猫”谐音“耄”，《诗·大雅·板》云“匪我言耄”，“亦聿既耄”，以猫寓长寿。“蝶”谐音“耋”，蝴蝶是美丽的化身，象征着幸福和美好。在中国画中，猫蝶图是一个固定的主题，中国人崇尚长寿，长寿也是中国文化中的

图 1　五福捧寿纹样

图 2　耄耋图纹样

图 3　寿桃纹样

五福之首，于是乎猫蝶图即耄耋图也就成了一个传统流传下来。因为它属于祝寿喜庆题材，所以也出现了许多织绣耄耋图（图 2）。

（二）植物纹样

寿桃纹又称蟠桃纹，一般展示的是硕大、红润诱人的成熟桃子，或配有桃叶、桃枝作为果实的辅助装饰。桃纹常以适合的纹样或四方连续的构图形式出现，多作为主体装饰，与其他纹样结合起来使用，桃纹能与“寿”字纹组成寿桃纹，与石榴、佛手组成三多纹。传说中西王母有棵蟠桃树，这棵神树三千年开花，三千年结果。蟠桃从开花到果实成熟就需九千年，而待蟠桃成熟时，西王母就大开寿宴，让诸仙为她祝寿，因此，丝织品上多用寿桃图案来代表长寿祝福之意（图 3）。

（三）动植物组合纹样

除了单独元素外，还有许多组合纹样，比如图 3 寿桃下翻涌的海水，用寿桃和海水的组合纹样来寓意“福如东海，寿比南山”。同样的组合纹样还有麦穗仙鹤团花纹（图 4、图 5）。仙鹤是典型的吉祥动物纹饰，中国古代常把鹤作为长寿的象征，麦穗代表岁岁平安，“穗”与“岁”同音，“鹤”与“贺”同音，因此，麦穗团鹤还有贺岁之意。这是典型的民国时期特有的寿喜纹样，清代的团花纹一般不是麦穗，也不是仙鹤在麦穗中，到了民国才有这样的图案。

松树和鹤的组合，人们称之为“松鹤延年”，又称“松龄鹤寿”和“松鹤长春”，具有长寿、健康、平安、吉祥等寓意。松树是中国传统文化中的一个重要象征，它的寿命很长，有的可以活几百年，因此，松树在中国文化中被视为长寿的象征，代表着“寿比南山”，寓意长寿、永远不凋谢等。鹤是中

图 4　麦穗仙鹤纹样

图 5　麦穗仙鹤纹样

国传统文化中另一个重要的象征，传说中鹤可以飞到仙境中，具有灵活的身手和强健的体魄。因此，被视为不老不死的象征，常被用来寓意长寿、吉祥和高尚等。松鹤延年花样纹也常运用在丝织绣品中，为祝寿贺喜之用。

（四）人物纹样

人物形象的传统喜事纹样，其寓意多与人物的身份内涵有关。在人们提起祝寿贺喜时，最耳熟能详的莫过于“八仙祝寿”“麻姑献寿”等（图6～图8）。

关于“八仙上寿”民间有诸多说法，流传比较广泛的是八位神仙一起渡东海，去蓬莱仙山给王母娘娘祝寿，在海面上，八仙各自展示自己的宝物，搅得东海海浪滚滚，惹恼了东海龙王，东海龙王联合其他三海龙王和八仙对垒，打得难解难分，恰好南海观音经过，才给双方解了围。八仙一般是指铁拐李、吕洞宾、何仙姑、汉钟离、张果老、韩湘子、曹国舅和蓝采和这八位传说中的神仙。传说八仙代表着男、女、老、少、富、贵、贫、贱。由于八仙均为凡人得道，所以个性与百姓较为接近，为晚近道教中相当重要的神仙代表。中国许多地方都有八仙宫，迎神赛会也都少不了八仙。八仙所持的笏板、扇子、渔鼓、紫金箫、宝剑、葫芦、荷花、花篮等八物被称为“八宝”，代表八仙之品。

虽然八仙的传说和长寿并没有太直接的关系，但是他们往往出现在比较热闹喜庆的场合，为现场增添喜气。八仙还有着强大的神力，他们就像福禄寿三星一样可以为所祝福之人带来更多的福气，寿星得八仙祝吉可获无疆之寿的祥瑞。还有一种说法是因为八仙代表着男、女、老、少、富、贵、贫、贱，是世间人的集合体现，所以他们比起其他神仙更容易令人亲近，也更适合作为祝寿图上的主人公。

图6　绣八仙人物布裱对联

图7　绣八仙人物花卉纸裱对联

图8　麻姑献寿人物绣画

图9　湖绿缎暗八仙松鹤延年纹料

在一些不容易绘制大型图案的地方，比如丝织品和瓷器上，人们也会用“暗八仙”来表达祝寿的含义（图9）。所谓暗八仙，就是八仙使用的八种法器，分别是汉钟离的扇子、铁拐李的葫芦、吕洞宾的宝剑、韩湘子的紫金箫、曹国舅的笏板、张果老的渔鼓、蓝采和的花篮和何仙姑的荷花。

除了八仙祝寿外，较为常见的人物祝寿纹饰还有“麻姑献寿”。麻姑又称寿仙娘娘、虚寂冲应真人，是中国民间信仰的女神，属于道教人物，自谓“已见东海三次变为桑田”，故古时以麻姑喻高寿。过去中国民间为女性祝寿多赠麻姑像，取名“麻姑献寿”，麻姑多为手捧寿桃或提花篮的女性形象。传说于三月三日西王母寿辰，麻姑在绛珠河边以灵芝酿酒携灵芝酒去祝寿。中国人历来有祝寿的习俗，对长寿有着强烈的期望，更祈盼长生不老，需要吉祥的长寿文化元素作为一种精神寄托，所以麻姑自然就成了我国民间女寿星、女吉星，“麻姑献寿”也成了最喜闻乐见的为女性祝寿的题材。

诸多物件中都出现了祝寿贺喜相关题材的装饰，不难看出寿文化在中国源远流长。“寿”是长久神圣的象征，《尚书·洪范》有云：“五福，一曰寿，二曰福，三曰康宁，四曰攸好德，五曰考终命。”在我国传统五福中，寿是排在第一位的。一切生命的美好享受都要建立在健康长寿的基础上，古人认为，千富贵不如一长寿。人们最常用的各类丝织品中融入了各种各样的祝寿题材，“寿”渗透进了中国人的生活，丰富了中国的文化艺术，折射出中国人的生命观。

二、寿喜题材在丝织品上的运用

“寿”代表了中华民族的许多美好愿望和精神追求，体现着中国人对生命的态度、对生活的态度。几千年的历史长河中，人们对“寿”的推崇、对养“寿”之道的探索，体现在生活中的各个方面，也演变成各种具象的物品，在各类丝织品上也多有呈现。寿文化的传承有着深远的现实意义。

作为衣食住行中排在首位的“衣”，祝寿纹样也在它的身上频繁多见。比如这件红布底绣八仙祝寿肚兜（图10），以红色棉布打底，上绣王母、八仙、童子人物纹样，周围用贴布、贴花装饰，纹饰是典型的八仙为西王母贺寿图案，寓意喜庆长寿。上、左右角采用贴布工艺，贴布、挖云绣黑白如意云形纹，下摆处有贴布海浪纹与绣花卉纹，寓意福山寿海。

衣食住行的下一顺位，就来到了“食”，民以食为天，反映到丝织品上就出现了吃饭时需要的围嘴。这件围嘴以红色缎面为底（图11），配一圈贴布花纹，黑色缎面四周镶边。中间人物像是麻姑，为一女性神仙，一手捧花篮寿桃、一手持拂尘，边框与人像采用钉线绣法，蓝色人物服饰为蓝缎堆绫技法，呈现“麻姑献寿”人像，寓意多寿添福。

而在“住”的方面，各种精美的丝织品也用于房屋内外装饰，帐沿多用于房屋外房顶四周或

图 10　八仙贺寿肚兜

图 11　麻姑献寿围嘴

图 12　八仙福禄寿群仙帐沿

床帐四周围沿遮挡，除实用性外还有装饰作用。这件群仙祝寿帐沿以红色绸缎为底（图 12），色彩明艳喜庆。共有十一个人物形象，中间三位为福、禄、寿三位神仙，八仙每边四位列两侧，是传统的群仙祝寿图。下方缀编织网格及绿色流苏，中间配有银色珠子点缀装饰。作为房屋配饰软装显得喜气洋洋，寓意福星高照。

图 13　红缎彩鹿鹤同春桌围

桌围是挂在桌前的装饰布或绸缎，多用于红白喜事装点之用，不同的事件有不同颜色的桌围布置。这件桌围以红缎彩为底（图 13），上绣鹿、鹤、松树、花卉，是一幅以鹿鹤同春为题材的祝寿贺喜绣品。鹿鹤同春是中国传统文化中的一个吉祥图案，也称作“六合同春”。它代表的是天下皆春、万物欣欣向荣的景象。鹿与鹤在中国文化中都有长寿、吉祥的寓意，同时，鹿还象征着财富。在艺术作品中，鹿和鹤常常被画在一起，代表着长寿、财富和好运。

基本的吃穿用度满足后，人们开始追求精神层面的审美需求，于是各种各样的画作也在丝织绣品上呈现出来。

海屋添筹典故源于宋代苏轼《东坡志林》卷二：“海水变桑田时，吾辄下一筹，迩来吾筹已满十间屋。”意思是：“每次沧海变成桑田的时候，我拿筹子记录，每次桑田变成沧海，我也都拿筹子记录，现在筹子已堆满十间屋了。”“筹”是古代用竹、木制成的计数工具，后遂以海屋谓仙人仙境。因此海屋添筹比喻神仙增寿，以此为祝福长寿题材。另有一传说为：海中有一楼，内贮世间每人寿数，用筹插在瓶中，每令仙鹤衔一筹添入瓶中，则可多活百年。所以人们常用海屋添筹寓祝长寿。

此绣画（图 14）采用绣、画结合的手法，先用画笔勾勒出边框，鹿和三位老人、一童子用绣线上色，山石、云海中的房屋、松树等均用画笔描绘。上方用黑线绣出题款：“海屋筹添数，三公位可斯（期）。”红线绣“露香园”朱文圆印与“青碧斋”朱文方印[①]。绣画整体非常完整，山石仿佛置于云海之中，远处有仿佛在云海中飘浮的房屋和仙鹤，仿佛仙境一般。中间最大块的山石上站着三位老人，最下方的石间路上有位正在行走的书童和一只鹿。层次感体现得非常好，利用上下关系呈现了山石云海的错落有致。仙鹤与鹿也都寓意长寿与福泽，整幅绣画有寿比南山之意。

前文提到的绣耄耋图采用了猫、蝶动物纹样（见图 2）。作品采用苏绣手法，在黑色缎地上施绣。画面中有牵牛花、野菊花、小雏菊等，一只猫正卧在花丛中，抬头看着上方的蝴蝶，仿佛下一秒要扑蝴蝶与蝶嬉戏。画中的题材指代长寿富贵。画面的右下方，用绣线绣印章“农工商部绣工科制”（图 15）。“农工商部绣工科”又名“女子绣工科”，创建于清光绪三十三年（1907 年），由清廷农工商部建立，委任沈寿[②]为总教习，内设刺绣、国画、国文等课目，以刺绣为主。1911 年，绣工科停办。

图 14　海屋添筹图

图 14 局部

三、结语

图 15 “农工商部绣工科制”绣印

中华文化历史悠久，生生不息，岁月悠长。因此文化中对于长寿有福十分追捧，也渐渐演变成寿喜文化。中国人对寿的理想追求，除了体现在举办寿诞仪式上，还通过食用器皿、陈设摆件、衣着配饰等器物来传达祝福，渲染祝寿气氛。这些物件走入人们的日常生活，不断传达和强化着人们对长寿的祈盼与祝福。而早从新石器时代就出现的丝织品作为人们日常生活不可或缺的一部分，自然寿文化也同样借助它呈现出来。随着社会的发展和人们认知的转变，多种多样的纹样也随之出现，人们将美好的祝福与祝愿寄托在上面，用一针一线勾勒出中华民族的传统寿文化，以丝织品的形式延续流传下来。

总之，丝织品上的祝寿文化是中国传统文化中独特而珍贵的一部分。它不仅体现了对长者的敬意和祝福，还传递出人们对长寿、健康和幸福的美好愿望。无论是在图案和设计上，还是在制作过程中注入吉祥元素，丝织品都展示了中国人民对长寿的重视和追求。希望这种传统文化能够得到更多人的传承和弘扬，让我们共同祝愿长者健康长寿、幸福安康！

（作者单位：北京市文物交流中心）

① “露香园”“青碧斋”绣印为辨别顾绣作品的重要依据之一。顾绣是明代晚期发轫于上海而又享誉全国的艺术性画绣，有独特的艺术风格，“露香园”绣印是顾绣中用得最多的一种。《上海县志》中有一条关于顾名世曾孙女的记载：“顾氏，廪生张来妻，名世曾孙女也。年二十四夫亡，欲殉殁，母劝阻，谓子方一岁。（顾）氏就义抚孤，针指营食，号露香园顾绣。崇祯末年有贼匿孤，氏泣，惟此夫脉，脱珥赎之。教子燧，文艺精绝。子报以孝。完节四十六年。”顾名世的曾孙女顾氏为生活所迫，在崇祯年间用刺绣来养家，打出的旗号是“露香园顾绣”，很有可能“露香园”绣印就是从她开始的。她从 24 岁开始刺绣到“完节”去世以前，应该也有 20 余年时间从事刺绣活动，即明代末年至清初的顺治或康熙年间。“青碧斋”则很少见于记载，很可能就是露香园中会客场所。

② 沈寿刺绣又名仿真绣，源于苏州绣。苏绣可分为以下三大谱系：传统绣、仿真绣、乱针绣，其中“仿真绣”为清末沈寿所创，又称沈绣。创始人沈寿因献绣祝寿得慈禧太后赏识，名声大噪。1907 年，沈寿奉诏赴京任职，为清朝农工商部绣工科总教习，教授宫廷和满族官员子女刺绣。沈寿奉诏入京五年，在皇家绣工科教授刺绣培养人才。

参考文献

[1] 粘碧华：《传统刺绣针法集萃》，郑州：河南科学技术出版社，2017 年。
[2] 广州博物馆编《广州博物馆藏丝织品》，广州：广东人民出版社，2022 年。
[3] 黄清穗编著《中国经典纹样图鉴》，北京：人民邮电出版社，2021 年。
[4] 吴山编著《中国纹样全集（宋元明清卷）》，济南：山东美术出版社，2009 年。